热土留芳

大丰区·红色旅游线路地图

图例：

河流

高速公路

国道

省道

普通铁路

二卯酉河

海北垦区

垦区

大丰港临港开发区

草庙镇

草庙镇北灶村

大桥镇

斗龙渔歌酒店
Doulong Yuan Hotel

森灵欢乐世界
SEN LING HAPPY WORLD

关林温泉度假酒店
HARBOUR PEARL HOT SPRINT HOTEL

新丰920街坊
XINFENG 920 NEIGHBORHOOD

鹿鹿度假村
ELAPHURUS RESORT

LAKE ROLI RESORT
大龙湖·湖岸·若里度假村
斗龙港旅游度假区

尺有爱

盐城市斗龙港旅游度假集团
Yancheng Doulonggang Tourist Resort Group

荷兰花海

八路军新四军会师纪念地
BALU SHIZIKOU JOIN FORCES WITH MEMORIAL

大丰知青农场
Dafeng Youth Farm

YELUDANG DAFENG
世界遗产地
大丰野鹿荡

北苑酒店
BEIYUAN HOTEL

来者皆悦
创造快乐的GDP

　　盐城市斗龙港旅游度假集团（以下简称"集团"）成立于2020年3月，注册资本30亿元，是江苏省盐城市大丰区区属文旅"AA+"资信评级的国有企业，总资产400余亿元，员工总数1000余人。

　　集团下辖荷兰花海、梅花湾、知青农场国家4A级景区3个，白驹狮子口会师纪念地国家3A级景区1个，新丰920街坊老街区1个，世界自然遗产大丰野鹿荡湿地风光廊道1处，拥有天沐温泉度假酒店、北苑酒店、大龙岛湖岸·若里度假村、麋鹿度假村、全季酒店、斗龙渔歌民宿酒店等多家高中低档酒店和度假村，总床位数3000余张。

　　集团持续强化西部花海、东部沿海核心布局，依托大丰独特的生态优势，深入推进市场化转型，做足、做大、做强满足人民群众对美好生活需求的各类"旅游+"产品，以人民为中心不断提升一站式全域旅游度假服务水平，全力推进大丰全域旅游高质量发展。

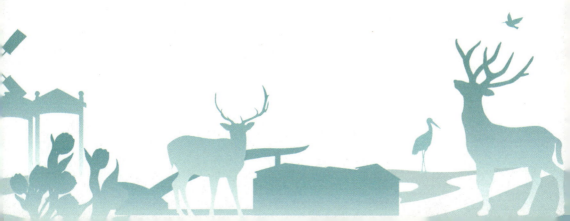

《热土留芳》编委会

江苏省盐城市大丰区文化广电和旅游局

名誉主编： 夏继永　　马连义　　冯晓晴

执行主编： 卢　群

副主编： 张　帆　　葛海燕

编　　委： 王宏程　　仇育富

　　　　　陈同生　　陈劲松

大丰区文化旅游丛书

热 土 留 芳

《热土留芳》编委会　编著

国文出版社
·北京·

图书在版编目（CIP）数据

热土留芳 / 《热土留芳》编委会编著 . -- 北京：
国文出版社，2025. -- ISBN 978-7-5125-1873-5

I. K820.853.4

中国国家版本馆 CIP 数据核字第 20248ET794 号

热土留芳

编　著	《热土留芳》编委会
责任编辑	侯娟雅
策划编辑	凌　翔
责任校对	陈一文
装帧设计	张　帆　李骏腾
出版发行	国文出版社
经　销	全国新华书店
印　刷	三河市中晟雅豪印务有限公司
开　本	787毫米×1092毫米　　　16开
	15印张　　　　　　　　　224千字
版　次	2025年4月第1版
	2025年4月第1次印刷
书　号	ISBN 978-7-5125-1873-5
定　价	69.80元

国文出版社
北京市朝阳区东土城路乙9号　　邮编：100013
总编室：（010）64270995　　传真：（010）64270995
销售热线：（010）64271187
传真：（010）64271187-800
E-mail：icpc@95777.sina.net

我们来看"红"与"绿"（代序）

◇ 马连义

卢群大姐是新晋中国作家协会会员，更是我们大丰老年作家协会主席。前不久一次文友聚会的席间，她突然对我说：最近编了两本书，一本讲大丰红色故事，一本讲大丰景点故事，帮着写个序吧？我说好啊。于是她拿来了这两本稿子的清样，一本是《热土留芳》，是"红色"；一本是《丰景独好》，是"绿色"。

一、先看红色

古人说，野火烧不尽，春风吹又生。或许因为这片土地曾经被战火燃烧过，挥洒了烈士的心血，所以才生长出今天的繁荣昌盛。

我们的先辈，世世代代热爱和平，但是二十世纪三十年代后期，南黄海西岸这片荒凉滩涂、这片热土被侵略者拽进战争泥潭。

在这之前，这块热土虽然也有战乱，但这片海涂还相对平静。唐宋元明清，这里是两淮盐业主产区，比较富庶，对国家经济有较大贡献。可是，曾经如日中天的盐业，在清朝中晚期开始萧条，这里的社会发展一度摆停，空旷的盐碱地在等待新的生产关系和生产力。后来，张謇来了，盐业文明变成农耕文明，拉开了沿海现代化探索的帷幕。是侵略者发动的战争撕碎了这幅蓝图，使我们可爱的家乡，在风雨飘摇中凌乱。

到1940年前后，多种政治和军事力量，角逐于此。开始是带有特殊使命的日本企业，进而是日本侵华作战部队、国民党的地方政权和军队、汪伪政权的"和平军"、地方自治武装，还有公开和隐蔽的各种社会流派。他们依托茫茫滩涂、遮天芦苇，沟河港汊纵横交错的地形地物，将这里建成一座藏匿海边的战争黑市，上演着明火执仗的扫荡和月黑风高的间谍战。整个沿海乌烟瘴气，暗流涌动，情报交换，军械贸易，药品倒卖，鸦片私贩，全景式勾勒出黄海湿地特殊战区的潦草图景。

我们编写这本书的目的，是要让家乡的人们和我们的后代记住1940年。那是一个重要的历史节点，那一年中国共产党领导下的八路军和新四军在白驹会师，英勇无敌的新四军第一师，在我区东南片大桥、川东、草庙、万盈、小海一带轰轰烈烈发动群众，建立革命根据地，进而创立地方红色政权。

本书开篇《一座永远屹立在黄海之滨的红色丰碑》，讲述了中共台北县委（即今天大丰区委前身）在战火中诞生的故事。老人们回忆，那时整个华东革命根据地已星火燎原，原国民党驻守的城市被逐个解放，捷报频传。其中有两个地方政权是新四军新建的，一个是如东县，在如皋的东边，一个是台北县，东台的北边。中共台北县委的成立，是我们党在残酷的战争年代建立红色政权的范例。

遥望八十多年前，江淮红旗漫卷，旷古沉寂的海滨如火如荼，反"扫荡"，驱顽敌，闹土改，抓汉奸，搞支前。我们传承着革命先辈的红色血脉，铭记《永不消逝的电波》和《芦荡火种》的英雄故事。我们大丰的红色文化可歌可泣，融入中国共产党领导的推翻三座大山的宏伟史册，永存千秋。

二、再看绿色

八十多年前全民抗战，八十多年后全域旅游。我们把历史当成一座桥，连接着这两本书的内涵与外延，哦，一目了然。

打开《丰景独好》，开篇《只此青绿》。其中写着：

在大丰，那遮天蔽日的绿，一下子会淹没你，令人"窒息"。那旷野上的绿，又会托起你，让你自由呼吸。这绿，风一吹，在你眼前，一浪浪地涌来，又一浪浪地退去。

青，说的是这里的水，是湖水，是池塘水，是曲曲弯弯纵横交错大河小河里的水，是辽阔苍茫一眼看不到边的大黄海之水。

初来大丰，你会觉得无边的大，苍苍茫茫，辽阔无垠。天连地，地傍海，天水相连，一马平川。这里无山，却有树木排排行行，绵延天边，与青云相接，视觉上便有了群山连绵、苍翠峭拔的感觉，实也壮观。

这里需要简单介绍一下大丰的全域旅游情况。

大丰旅游整体格局为"两片四线"。西片花海，东片沿海。书中描述，栩栩如生。穿越其中的"范公堤旅游专线""红色旅游专线""乡村旅游专线""北上海旅游专线"尽展其全貌。大丰现有一处5A级景区，六处4A级景区，在全国县（市、区）级旅游军团中，属甲级阵营。

此间有一花、一神，大丰旅游之极品。"花"为郁金香，历史上，郁金香经丝绸之路出西域，被西方推崇至极，后转辗回国，落户大丰，成全球花冠。"神"为麋鹿，它是中国特有的吉祥之物，大丰麋鹿风靡天下。

当今天下，凡文旅大观处，非世界遗产地莫属也；当今天下，凡优质文旅，一为天赐，二是人为。大丰文旅，有世界自然遗产和人文遗产双重加持。

古人说，地理就是战略；今人说，旅游就是去没有去过的地方看一看。通常的旅游胜地包括雪域高原、落日大漠、平镜湖泊、平原古都、奇异荒岛等等。但是，时至今日，许许多多的人还不知道潮间带，还没有观赏过南黄海潮间带的海涂秘境。地质学家告诉我们，在我们的地球上，有两处有名的潮间带。一处在欧洲的瓦登海，一处在中国的南黄海。亿万年来，在我国南黄海地区，长江、黄河泥沙冲积与东海前进波相互作用，经无限循环的潮汐作用，演变出了潮间带。百万羽候鸟，冬来春往，在这里经停过境，数十万留鸟，在这里栖息生存。

这片被联合国专家称之为"大自然罕见之美景"的海岸带，蜿蜒近一百公里，其中心区位，就在我们大丰国家级美丽海湾川东港。你听说过中国古代三大仙岛之一的瀛洲岛吗？你听说过《山海经》当中描绘的大荒东经吗？你到过野鹿荡、日出海湾吗？你见到过雨后彩虹中仙鹤穿越吗？你见过大片碱蓬形成的晚霞中的"火烧云"吗？你见过茵陈草和白茅组合的萤火圣岛，在七夕之夜与银河相映生辉，形成的天上街市与人间银河吗？这就是大丰旅游的魅力。我们举起潮间带文化的旗帜，在全球世界自然遗产地旅游中独树一帜。

卢群大姐是有感召力的，她振臂一呼，应者云集，屈指百人。除了为数不多的外地人和年轻人，目前居住在大丰本地的二十世纪五十年代、六十年代、七十年代出生的稍有名气的作文者，几乎满员出列。陈海云先生、邹迎曦先生、仓显先生，均年过八旬，仿佛老将归阵，重披战袍。本书作者多为圈内文友，朋友们欢聚一堂，评与说、鼓与呼，为大丰红色树碑，为大丰绿色立传。

此情此景，我亦动容，为之肃然起敬，拟此小文，以为序，赠予作者与读者。

2024年6月

（马连义，著名文化学者，大丰野鹿荡星空保护地创办人）

目录

一座永远屹立在黄海之滨的红色丰碑 / 陈同生 ……………………… 001

方强与袁文彬 / 施建石 …………………………………………………… 007

从上海走来的盐阜英烈 / 范申 …………………………………………… 020

方强与郭沫若 / 张汉林 …………………………………………………… 025

徐鸣两进西渣 / 徐应葵 …………………………………………………… 031

青春的光华　战斗的诗篇 / 陈海云 …………………………………… 036

那颗划破天空的流星 / 葛海燕 …………………………………………… 042

人民大众青年艺术家李增援 / 陈海云 ………………………………… 048

他心中只有人民 / 邹迎曦 ………………………………………………… 055

烽火年代志士歌 / 刘立云 ………………………………………………… 061

黄克诚将军的廉政故事 / 卢群 ………………………………………… 066

抗战时期的大丰女地下党干部 / 戴文华 ……………………………… 069

红色土地上的移民英雄顾文达 / 仇文倩 ……………………………… 073

女儿情 / 邹迎柯　李宏俊 ………………………………………………… 080

特殊的客人 / 卢群 ………………………………………………………… 086

夜访 / 邹迎柯　李宏俊 …………………………………………………… 089

父子接力八十年　守护无名烈士墓 / 陈万荣 ……………………… 092

陈毅丁溪遇险记 / 仓显 …………………………………………………… 095

铁骨写春秋　热血照丹心 / 夏钰苏 ……………………………… 098

芦荡勘察记 / 邹迎柯　李宏俊 ………………………………… 101

西团镇上的"阿庆嫂" / 仓显 ………………………………… 106

永远的战地玫瑰 / 刘立云 ……………………………………… 109

异地他乡埋忠骨　守贞英名永传扬 / 朱明贵 ………………… 114

一封珍贵的来信 / 江兴林 ……………………………………… 118

一碗鸡汤引发的故事 / 卢群 …………………………………… 121

小涛涛出生记 / 邹迎柯　李宏俊 …………………………… 124

一位抗战老兵的无悔人生 / 仇育富 ………………………… 128

烈士房迪光的一生 / 房丹 …………………………………… 133

把忠贞写在大地上 / 戴文华 ………………………………… 137

海笑和《台北大众》 / 周古凯 ……………………………… 143

探访谦和仓 / 骆绍春 ………………………………………… 148

南阳镇广丰村的荣军故事 / 陈劲松 ………………………… 151

六元抗币和半袋糁子 / 王宏程 ……………………………… 155

英雄"三十里"——宋永喜 / 丁日旭 ……………………… 159

"韬奋精神"薪火相传 / 陈万荣 …………………………… 162

"小鬼"抗战二三事 / 董爱中 ……………………………… 165

镇海寺的钟声 / 卢群 ………………………………………… 168

红色历史的回响 / 陈同生 …………………………………… 171

新四军裕华围歼日伪军 / 王步中 …………………………… 176

喋血龙王庙 / 刘立云 ⋯⋯⋯⋯⋯⋯⋯⋯⋯⋯⋯⋯⋯⋯⋯⋯ 183

汤家舍战斗 / 卢群 ⋯⋯⋯⋯⋯⋯⋯⋯⋯⋯⋯⋯⋯⋯⋯⋯⋯⋯ 187

八灶村的红色故事 / 袁红 ⋯⋯⋯⋯⋯⋯⋯⋯⋯⋯⋯⋯⋯⋯⋯ 190

盐垦中学的峥嵘岁月 / 刘立云 ⋯⋯⋯⋯⋯⋯⋯⋯⋯⋯⋯⋯ 194

一场漫长而艰巨的经贸保卫战 / 陈同生 ⋯⋯⋯⋯⋯⋯⋯⋯ 198

红色朝荣村 / 仇育富 ⋯⋯⋯⋯⋯⋯⋯⋯⋯⋯⋯⋯⋯⋯⋯⋯⋯ 204

今昔支前模范村盛开美丽"大红花" / 朱明贵 ⋯⋯⋯⋯⋯ 209

小镇上的红色印迹 / 刘立云 ⋯⋯⋯⋯⋯⋯⋯⋯⋯⋯⋯⋯⋯ 212

回眸台北县的文教事业 / 陈同生 ⋯⋯⋯⋯⋯⋯⋯⋯⋯⋯⋯ 215

一座永远屹立在黄海之滨的红色丰碑

——中共台北（大丰）县委、县政府发展史简述

◇ 陈同生

　　台北县（今盐城市大丰区）这块经历过血与火考验的土地，因位于东台市北部而得名。早在"土地革命"时期，大丰就有了中共地下党组织。但是，直至"黄桥战役"胜利后的1942年，我党才在这里建立了红色革命政权，组织和动员民众积极参与伟大的民族独立和解放战争。社会主义建设时期，尤其是进入中国特色社会主义新时代以来，这里的人民继续发扬革命传统，砥砺奋进，继续努力，取得了令人瞩目的成就，这个在苏中地区最早建立的红色政权，犹如一座气势恢宏的丰碑永远屹立在黄海之滨。

　　遥想当年，台北一带一直是淮南盐场的主产区，直至清末民初"废灶兴垦"运动的兴起，在以著名的实业家张謇等一批爱国民主人士的身体力行下，于1918年12月在草堰场成立了"大丰盐垦股份公司"。从此，大丰地区的产业结构和社会经济、文化与管理形态发生了翻天覆地的变化。新兴的沿海产棉区，逐渐成为这个区域的新名片。

　　1940年10月以前，今大丰区西部的串场河与通榆公路（范公堤）沿线，由南向北的白驹、刘庄等集镇，含刘庄镇原辖的今属大中街道的新团，今属新丰镇的龙堤等地，均隶属于原"国民政府"兴化县第六区；今大丰区草堰镇、小海镇一带隶属于东台县第九区；今大中、新丰、裕华、南阳、通商等垦区集镇，以及沿海灶区的潘丿、大桥、草庙、王港一带，都属于第九区管辖。今大丰区的方强、丰富、三龙等地属于盐城县（今盐城市）管辖。

　　1938年，中国共产党六届六中全会确立了"巩固华北，发展华中"的战略

方针，并在此方针引导下，开始"开辟华中"。1940年7月中旬，新四军江南部队（亦称挺进纵队），在陈毅、粟裕的领导下进入江北，10月取得了"黄桥决战"的胜利。10月10日，挺进纵队第二纵队王必成部与南下增援的八路军第五纵队黄克诚部的先头部队，在白驹镇狮子口村胜利会师。两军胜利会师，标志着"开辟苏北"已经实现。10月14日，挺进二纵队一营进驻大中集、二营留驻草堰、三营进驻小海，发动民众投身抗日，建立抗日民主政权。

　　1941年1月，新四军重建军部后，确定一个师为一个战略区，建立红色政权。10月15日，东台县抗日民主政府宣告成立，彭冰山任县长。之后不久，又相继建立了中共东台城工委，彭冰山兼任书记；成立了东台县委，杨辛任书记，隶属苏中区党委、行署领导。10月底，在小海镇成立了东台县抗日民主政府第九区区公所，马晓天任区长；同时，建立了中共小海中心区委，由东台城工委副书记戴为然兼任区委书记，办公地点设在小海镇商会。同时，在大中集成立东台县第一个税务分局（东台税务总局一个月后成立）。为保证部队的粮食供应，当年12月中旬至翌年2月中旬，东台县开始为期60天的征粮运动，其中第九区征粮121988斤，征得东台抗日民主政府临时发行的抗日代金券1万余元。

　　新四军进驻大中集后，受到了社会各界人士的热烈欢迎。数日间，大中集、南阳镇的60多名知识青年踊跃报名参加新四军抗大（中国人民抗日军事政治大学）五分校学习，还有一大批进步青年参加了建立地方党组织和地方政权的工作。垦区工商界主动为新四军捐款，捐棉花、布匹和粮食，发动镇上的妇女为新四军赶制冬装。其中富商朱孔修一人就捐献皮棉22担、土布数百匹，后又捐银圆5万，受到陈毅代军长的高度赞扬。

　　1940年10月25日，大中集战时小学秘密举行了张学敦、余明、朱道生、徐鸣等人的入党仪式，这是新四军进入垦区后发展的首批党员。11月中旬成立了大中集党支部，朱道生任支部书记，徐鸣任民运指导员。

　　当年的11月15日，苏北临时参政会在海安召开。根据陈毅的指示，苏北临时行政委员会主任管文蔚，派遣垦区参会代表、大丰公司法律顾问黄亚成等人回到大中集，收编东台县沿海各实业保安队，编成苏北实业保安挺进团。不久，挺进团改编为苏中军区警卫团，黄亚成任团长，吴度、吕铮等人分别担任4连、5连指导员，季世通、薛一衡分别担任连长；同时，由张学敦出面，以其兄——大中集镇长张学诚的名义招兵200余人，由小海区公所马晓天出面招兵200多人，由兴化县第六区区长陈远达在刘庄、白驹、草堰一带招兵300多人，分别编入挺进纵队二旅王必成部。不久，根据粟裕的命令，大中集的4连、5连编入苏中警卫团，部队拉到海安角斜、东台一仓等地整训，随后组建为海防大队，后又上升为苏中海防团，负责保卫我苏中根据地的海上生命线。

小海中心区和区委相继成立后，首先在大中集、新丰镇、南阳镇开展了减租减息工作，成立了农抗会、工抗会、妇抗会等组织，发动群众投入到抗日运动中去。1941年1月，成立沈灶分区委，王敏任书记；3月成立垦区办事处，蔡国方任主任，冯舜华任指导员，张炎任民政助理；同时在小海、沈灶相继成立了第二、第三党支部，戴一清任小海党支部书记，章鲁任沈灶党支部书记；在潘丿成立了办事处，茅林任主任兼政委；4月撤销小海中心区委，戴为然调往兴化县，由东台县委委员、民运部长黄知真担任书记，负责台北地区党的工作；5月将台北划分为小海、垦区、西渣三个区，由孙锋担任小海区委书记，马晓天任区长；东台县委委员杨天华兼任垦区区委书记，蔡国方任区长；冯舜华任西渣区委书记，季彦敏任区长，后徐鸣接任。

1941年7月中旬以后，日军相继占领大中集、新丰镇、裕华镇、南阳镇，我党政机关退至沿海地区坚持斗争。由于敌人建立了潘东公路，将台南、台北分隔开来，东台县委、县政府设在台南，不便于对台北地区的领导，经苏中区党委批准，10月成立中共东台县委台北分县委，由黄知真担任分县委书记；成立东台县政府台北行署，由蔡公正担任行署主任，管辖小海、西渣、垦区。同年9月，黄知真调走，台北分县委一度改为台北中心区委，一个月后又恢复为台北分县委，由杨天华担任分县委书记，管辖小海、西渣、垦区、垦北等4个区委。

1942年5月12日，苏中二地委书记章蕴在谦和仓宣布，撤销台北分县委，将台北从东台县划出建立台北县，杨天华任县委书记。8月撤销台北行署，建立台北县政府，由蔡公正任县长，领导小海、垦区、西渣、沈灶、川港等5个区。杨天华书记是福建晋江人，抗大毕业后辗转来到台北工作。蔡公正县长是扬州江都人，1940年新四军东进后与胞弟蔡公杰一起参加革命，担任台北县长期间，其弟蔡公杰担任兴化县长，兄弟俩为抗日救国并肩战斗，在苏中抗日根据地传为佳话。

1943年1月实行"精兵简政"，党、政、军一元化领导。台北县撤销沈灶区，当年3月，将兴化县的堤东区划归台北县管辖。由此，台北全县仍然是5区建制。在县委、县政府的领导下，相继成立了独立团、农抗会、参政会等机构，各区也分别成立了相应的组织机构，继而带领民众进行反"清乡"、反"屯垦"斗争。先后发起了"裕华攻坚战""七灶河伏击战"等几十次战斗，狠狠地打击了敌人的嚣张气焰，巩固和发展了以小海为中心的抗日根据地。

根据我党抗日民族统一战线政策的要求，台北县在政权建设上基本按照"三三制"的原则办事，三个区的区长都由民主人士担任，各乡镇长和地方武装的负责人也几乎都是民主人士，他们为根据地的建设作出了一定的贡献。后来由于敌人的频繁进攻、斗争的残酷，一些民主人士陆续离开了工作岗位，县区两级政权中的主要领导逐渐由共产党员担任。参政会是抗日民主政权的权力机关，也是政治协商机构。1940年底，东台县民主政府成立不久就着手筹建县参政会。但是由于敌人不断"扫荡"，战争环境十分恶劣，参政会的成立不得不一次次推迟。

1941年底，台北县成立"人民武装自卫委员会"，由台北行署主任蔡公正兼任主任，民主人士季彦敏任副主任；次年春，又成立了"台北县春荒救济委员会"，发动富裕阶层捐献钱粮帮助贫苦农民度过春荒。从1943年起，台北地区逐步实行"新乡制"，进行民主选举村、乡、区干部，改变原"国民政府"在基层政权实行的"保甲长"管理制度。万盈乡成为苏中地区第一个实行"新乡制"的乡级政权，王锦之当选乡长。之后全县普遍开展了乡选工作，次年还在小海区进行了区选，沈堃当选为区长。

1944年4月1日，台北县召开首届参政会，119名社会贤达参加了会议。会议选举孙蔚民担任议长，县委书记徐志仁和民主人士朱明熙担任副议长。参政会明确施政方针，组织全县军民反"屯垦"、反"清乡"，动员民众参军、征收公粮和盐棉、生产自救、兴修水利、"献金百万元"等活动。"新乡制"与参政会组织，使台北县的抗日民主政权进一步巩固，成为苏中地区的模范抗日根据地。

抗日战争由战略相持转为战略反攻，1944年10月，苏中区党委决定，撤销台北县，并入东台县。此时台北地区共有49个支部，2011名党员。1944年11月，台北县正式并入东台县。1945年9月13日，苏中4分区部队在司令员张震东的指挥下，一举消灭了盘踞在大中集、新丰镇的伪军谷振之部，解放了台北全境。

台北全境解放后，根据苏中区党委决定，在大中集成立大中特区公署（县级），黄亚成任主任，叶梯青任特区委员会书记。特区机关驻大中集，管辖垦区所有乡镇。1945年11月，重建台北县。全县设8个行政区和一个县属镇，即大中镇、小海区、滨海区、西团区、草堰区、白驹区、堤东区、垦南区、垦北区等，县委、县政府机关驻大中集。1945年12月1日，中共中央华中分局、苏皖边区政府决定，东台、台北两县划属苏皖边区第一行政区管辖。20日，经民主选举，吴明任县长，林修德为县委书记，季彦敏为参议会议长，林修德、朱明熙为副议长；恢复工商业，相继成立了公营的江海公司、利丰公司。

抗日战争胜利后，人民群众期盼过上和平安宁的生活，但战争的阴影仍然笼罩在解放区人民头上，国民党的军队沿着通榆线大举向北进攻。1946年7、8月间，我军取得了著名的"苏中七战七捷"的伟大胜利。台北县虽然只有22万人口，但支援前线的民工却有5万多人，最多时达7万人，为战争的胜利奠定了基础。1946年，中共中央发出在解放区开展土地改革的"五四指示"，将我党在抗日战争时期的"减租减息"政策改为"耕者有其田"。台北县委、县政府立即响应，领导全县人民突击开展"土地改革运动"。1946年8月26日，台北全县583个村，有532个村完成了"土地改革"，人均土地达到7亩。1946年9月，黄亚成担任台北县县长。次年7月份开展"三查三整运动"和土改复查运动，对极"左"的行为进行了纠正。随后在"扩大解放区，保卫胜利果实"的数次大参军运动中，台北县共有7000多名优秀青年参军或加入相继组织88个常备民工团，后民工团发展到17300人，民工团先后分三期奔赴前线，其中2000名民工随军远征至福建厦门。出动车船数百艘（辆）逾万次，支援粮食、棉花、布匹逾亿，布鞋等物资数不胜数。

1946年12月22日，国民党军整编67师103团占领大中集，次年1月2日占领新丰镇。我台北县委、县政府转移到沿海大桥、草庙一带坚持斗争，号召军民开展敌后游击战争。2月10日，陈直斋担任县委书记，原书记赵峰任副书记。为了加强对敌斗争的领导，华中一地委北线（海安北）成立党政军委员会，统一领导东台、台北、滨海3县的工作，由欧阳惠林担任书记。这一时期先后担任台北县委书记的主要有朱溪东、黄云祥、王家扬等人。同年1月华野7纵队回师台北，进行了沈灶等一系列战斗，打退了国民党的猖狂进攻。苏中党政军机关进驻草庙大沟子一带，指挥苏中地区的对敌斗争。4月21日，华野7纵31旅解放了大中集、新丰镇，11月拔掉了境内敌人的最后一个据点丁溪，至此，台北获得了彻底的解放，成为苏中地区最早获得解放的县域。当月，顾维汉担任台北县长。

1949年3月19日，沈埜任台北县委书记，张锋任县长。当年底，全县建立12个区级党委，171个基层党支部，党员增加到8136人。台北人民在县委、县政府的领导下，前仆后继、勇往直前，为新中国的解放和建设作出了巨大的贡献。1950年1月，台北县从泰州专署划归盐城专署。为避免与我国台湾的台北重名，经中央人民政府政务院批准，同年7月，台北县改名为大丰县。

白驹过隙，当年的台北县，如今的盐城市大丰区，早已成为全国文明城市、全国综合实力百强区、国家森林城市和国家全域旅游示范区等。大丰的每一寸土地都焕发着蓬勃生机，展现出时代的风采与魅力。

作于2024年6月19日

方强与袁文彬

◇ 施建石

小时候我就知道方强，但不知道袁文彬，更不知道方强其实就是袁文彬。

我出生在大丰"北镇"新丰的全心村，在充满传奇的斗龙港畔度过了难忘的童年。我知道新丰西北方向斗龙港河的那边有个"方强人民公社"，还有个挺大的"国营方强农场"。至于为什么都叫"方强"，不但不知道，而且压根儿就没有思过、想过。

少年时，我知道了袁文彬，但起初并不知道袁文彬与方强有什么关系，更不知道袁文彬就是方强，就是同一个人。

记得是上初中时读到一本书，是郭沫若的《洪波曲》。在第十章"战区行"之四"在阳新"中看到："政治部恢复之后，团长袁文彬（后来在苏北被反动派处死了，连尸首都不知所在）加入了三厅工作，服务团便改由翁从六负责。团员有的牺牲，有的退伍，减少到了只余二十三四个人。"因为有个自己倍感亲切的"苏北"，我记住了袁文彬。

参加工作特别是到县城进而市里后来省级机关后，我有意无意不断关注、搜集、梳理、研究从而陆续知道，1901年出生的袁文彬是"五卅"运动中的爱国青年、学生先锋，是战地服务的抗日楷模，是北伐征程中的文化宣传的内行、骨干，还是盐东根据地的开拓者、"主心骨"，更是2015年8月民政部列为第二批600名著名抗日英烈之一。

袁文彬幼年家境贫寒，靠亲友帮助维持生活。为避兵匪骚扰，全家由青浦练塘镇南农村迁到镇上，寄居在高氏家中。袁文彬先在颜安小学读了几年书，后又去上海求学，不久就因经济窘迫而辍学。为谋求生计，袁文彬当过报童、扫过马路，后经人介绍在同济大学附属医院的前身——宝隆医院当勤杂工，不久升为类似于现在护士的看护。由于他勤奋好学、态度谦和，对病人护理十分周到，受到许多病员好评。一位浙江做锡箔生意的老板住院时，被袁文彬心怀抱负、刻苦好学的精神所感动，主动资助他读书深造。1920年，袁文彬考入同济医工专门学校德文科，1924年升入同济大学医预科学习。

此时，袁文彬的家已搬到了松江县城，每逢寒暑假都与同学一起回松江。他聆听过茅盾、柳亚子等进步人士参加的演讲会，并先后结识了牺牲的松江人侯绍裘、时任《学生杂志》社编辑的中共党员杨贤江、1933年被暗杀的国民党左派杨杏佛等人。在校就读期间正是第一次国共合作、革命蓬勃兴起时期，袁文彬的思想觉悟随着革命形势的发展不断提高，革命热情也随着学生运动的蓬勃开展日益高涨。他经常利用星期天如饥似渴学习马克思列宁主义，见缝插针向领导青年学生运动的江苏省委常委恽代英等共产党人求教，与他们一起探求救国救民的道路，逐步懂得拯救民族、富强祖国的出路首先在于推翻帝国主义、封建主义的压迫统治，让劳动人民真正成为国家的主人。

1925年5月4日，同济大学恢复了五四运动后一度被迫停止活动的学生会，袁文彬被大家推选为学生会会长。5月间，上海、青岛的日本纱厂先后发生罢工斗争，遭到日本帝国主义和北洋军阀的镇压。5月15日，上海日商内外棉七厂资本家借口存纱不足，故意关闭工厂、停发工人工资。顾正红率领工人冲进工厂，要求复工、开工资。日本大班川村残忍地朝工人开枪射击，打伤工人十余人，年轻的共产党员顾正红，在这次反帝爱国斗争中献出了宝贵的生命。第二天，中共中央发出紧急通告，要求各地党组织号召工会等社会团体一致援助上海工人的罢工斗争。19日，中共中央又发出第33号通告，决定在全国范围发动一场反日大运动。28日，中共中央召开紧急会议，决定以反对帝国主义屠杀中国工人为中心口号，发动群众于30日在上海租界举行反对帝国主义的游行示威。29日下午，上海学生联合会代表梅电龙和共产党员、上海学生联合会秘书何秉彝到同济大学传达中共中央关于组织"五卅"大示威的指示。当晚，袁文彬等学生会骨干组织召开全校学生大会，广泛发动群众响应党的号召，为

"五卅"大示威做好准备工作。会后，他又和学生骨干一起写标语、做小旗、印传单、准备救急包。

5月30日，曙色微露，袁文彬与尹景伊、吴鼎、陈宝聪等率领同济大学300多名同学分批从吴淞镇赶到上海北站和南京路，向市民宣传抗日、组织募捐、揭露帝国主义罪行、支援罢工工人。下午3时许，英帝国主义巡捕在南京路老闸捕房门前向游行人群开枪射击，何秉彝、尹景伊等人英勇牺牲。

震惊中外的"五卅"惨案，激起了上海和全中国人民的无比愤怒。中共中央立即召开紧急会议，组织上海民众罢工、罢课、罢市，抗议帝国主义暴行。袁文彬代表同济大学学生会，赶到上海学联参加紧急会议，商量对策。当晚他又与各校学生会代表一起来到北京临时执政府外交部驻沪处理外交事务的机关江苏交涉公署，要求交涉员立即向公共租界当局提出严正抗议：一是立即释放被捕的学生和工人，二是缉拿凶手并抵命，三是负责医治受伤学生。

返校后，袁文彬与学生会骨干组织了尹景伊烈士等同学的追悼会，主持了欢迎受伤学生陈宝聪等出院返校大会，领导同济大学学生罢课和游行示威，以学生会名义向全国发出通电，积极组织并身先士卒参加了"五卅"运动。此后，他利用各种场合发表演讲，激发同学们的爱国热情，鼓舞当地群众的反帝斗志。他在与帝国主义面对面的斗争中，表现出无比勇敢的革命精神和卓越的组织能力。

袁文彬从五卅运动血的教训中意识到要革命必须反帝，要反帝必须要有军队。他听说由孙中山创办的黄埔军校培养了大批革命军官，心中非常向往。虽然再有两年即可毕业，但是袁文彬欣然接受中共地下党的派遣，毅然决然放弃原来的学业志愿，离开同济大学投奔当时的革命中心广州，进入黄埔军官学校成为第四期政治科学员，与刚由"林祚大"改名为"林彪"的几人同期入伍受训。在黄埔军校，他聆听过政治部主任兼政治教官周恩来演讲的《军队中的政治工作》，加入了中国社会主义青年团。

1926年5月，同济大学近百名学生因参加反"誓约书"斗争而被迫南下广州。已在国民革命军总政治部工作的袁文彬闻讯，热情地帮助刚到广州的同济同学，协助他们解决生活上的困难。在党组织的关怀和袁文彬等同志的协助下，同济的南下学生大部分转入中山大学继续学业，另有部分学生或考入黄埔军校，或进入国民革命军总政治部、军政治部、广州兵工厂等部门工作，成为北伐军的新生力量。7月，国民革命军正式北伐。袁文彬提前毕业，投笔从戎，随军出征，被分配在国民革命军总司令部政治部担任宣传科副科长。国民党中央执行委员会妇女部部长何香凝为他们出征饯行并讲话，周恩来、邓颖超夫妇也来参加壮行。

当时的粤汉铁路南段和北段尚未接通，从韶关到株洲之间的七八百里路程要翻越五岭，路途十分坎坷。袁文彬与战士们肩并肩、手携手，冲破重重险阻，一路高唱《国民革命歌》："打倒列强！打倒列强！除军阀！除军阀！国民革命成功，国民革命成功，齐欢唱，齐欢唱……"

时任国民革命军总政治部副主任的郭沫若，对袁文彬出色的工作能力与表现有深刻的好印象，并与之成为知心朋友。10月，北伐军攻克武昌、饮马长江并全歼守敌，基本消灭了吴佩孚的反动军队。此后，袁文彬兼任北伐军总政治部文工团即血花剧团团长，经他精心导演和团员们的认真排练，剧团的宣传演出深入人心、倍受欢迎。在此期间，袁文彬经邓颖超介绍，由董必武和吴玉章批准，加入了中国共产党。

11月上旬，北伐军歼灭了孙传芳的主力，占领了九江、南昌等地。随后，郭沫若以国民革命军总政治部副主任身份偕同潘汉年、李民治、袁文彬和原同济大学工科学生陈必睨等从武汉经九江抵达南昌，与季方率领的部分总政工作人员会合，组成了总政治部驻南昌分部。由李一氓任分部秘书主任，潘汉年任宣传科长，袁文彬任社会科长，陈必睨任党务科长。

1927年3月下旬，袁文彬又随北伐革命军来到上海，经同乡同学好友李一氓介绍，与上海著名实业界人士、民生轮船公司董事长兼大丰泰和公司董事长周培善的女儿周淑贞结为伉俪。

1927年4月12日，蒋介石悍然发动反革命政变，上海国民党右派疯狂屠杀共产党员、工人领袖和爱国进步人士。进驻上海的国民革命军政治部分部的一批干部，在4月20日上海卫戍司令白崇禧发动的突然袭击中被捕入狱，袁文彬等人因外出开会躲过一劫。在党组织的指派和掩护下，袁文彬化装成贩运猪鬃的伙计乘船离沪赴武汉，找到党组织接上关系后，与周恩来、邓颖超等同志生活战斗在一起，继续开展革命工作。

7月15日，汪精卫在武汉公开叛变。精通德文的袁文彬受党组织委派化名袁持中回到上海。在长达十年的土地革命时期，他一直生活在白色恐怖、险恶丛生的大上海，以商务印书馆编译的身份作掩护，与党保持联系，坚持不屈不挠的地下斗争。1932年"一·二八淞沪抗战"期间，袁文彬参加了中国著作者协会，担任宣传部国际宣传委员会委员，负责征集上海战事资料，积极与上海文化界进步人士夏衍、阳翰笙等人广泛交往，从事文化研究，扩大国际宣传。其间，他先后翻译了《战争》《苏联妇女和儿童》《德国往哪里去》等德文书籍，介绍第一个社会主义国家苏联和苏联人民的革命情况。大力传播马列主义思想，为党的壮大做了大量富有成效的工作。其中，《战争》还是20世纪20年代德国文坛四大反战长篇小说之一。

1937年"七七事变"发生后，袁文彬在上海四处奔走呼号，动员民众积极抗日。8月13日，日本帝国主义大举进攻上海，抗日战争全面爆发，国共合作共同抗日局面很快形成。袁文彬参加由郭沫若组织的上海文化界战地服务团，担任战地服务团第一团团长。这一组织名义上是时任国民党第二战区前敌总指挥、第十五军集团总司令陈诚委托郭沫若组织的社会团体，实际上是在共产党领导下进行工作的秘密组织，参加者既有上海党组织派来的地下党员，又有文化界进步人士和一批在同济等上海高校就读的爱国青年，还有西安事变后从国民党监狱释放出来经党组织安排来的"政治犯"。团里人才济济，有戏剧工作者、歌咏工作者、美术工作者，还有医务工作者。

袁文彬的夫人周淑贞后来回忆："郭老是我家亲戚，那时经常到我家来。日本鬼子在上海'大世界'扔炸弹那天，郭老急匆匆地跑到我家，一进门就对文彬说，'老袁，国难当头，你还不走？是不是舍不得上有老母、下有儿女啊？'在郭老的动员下，文彬第二天就离开了家。那时家中不仅有年迈的母亲，还有5个年幼的孩子，一家人都不愿意他离开，牵衣拦道、顿足哭喊，把他身上穿的长衫都撕裂了，但是他还是毅然决然地奔向战火纷飞的前线。那次分手竟成为永别，以后再也没有见过面。"周淑贞为袁文彬生育5个孩子：长子袁振东、次子袁振兴、长女袁爱莲、二女袁贞萍、幼女袁爱梅，并培育他们成人成才。

战地服务团第一团在江苏昆山成立。在袁文彬的率领下，50来名男女团员克服生活上的困难，坚持在战地宣传抗日，开展募捐，实施救护，做了大量支援前线的工作。袁文彬处处以身作则，时时关心团员们的情况。服务团因日军逼近离开昆山时，不少女团员跟不上队伍，袁文彬就专门雇来几辆手推车，推着她们急行军。每到一个住地，袁文彬总是先安排好别人的住宿后自己才休息。服务团不怕困难、艰苦工作的精神得到了各方的肯定，陈诚也多次在郭沫若面前对服务团表示赞赏。

1937年9月，袁文彬率领全体团员在淞沪一线进行战地抗日宣传、募捐和救护等服务工作。由于中国军队正面抵抗激烈，日本侵略军遂从金山卫登陆，迂回包围抗日军队，淞沪前线部队被迫后撤，战地服务团的工作也面临极大困难。

10月，袁文彬带领全团人员从上海大陆商场出发，越过敌人炮火封锁的大场公路到达昆山前线，在京沪一线采取多种形式开展抗日救亡宣传活动，刷标语、贴漫画、街巷歌咏、演剧、演讲，办战地油印小报，访问居民家庭，到伤兵医院演出慰问，组织民夫募捐筹款。同时，他们冒着随时都会流血牺牲的危险，奔赴火线抢救伤兵，输送弹药供应保障前线。

11月，日本侵略军突然切断沪杭铁路，截断淞沪前线我军的退路。上海战局迅速逆转，在昆山作战一个多月的战地服务团也不得不随军撤退。袁文彬带领全团人员离开昆山，辗转到镇江、南京、屯溪、安庆等地。到达武汉后，战地服务团进行了休整。其间，袁文彬先后邀请周恩来、叶挺、陈毅、邓颖超等同志到服务团作报告，并与团员们会见、谈心，帮助他们明确斗争方向，激励和鼓舞团员们的斗志。

在武汉期间，袁文彬曾担任武汉卫戍区司令部宣传大队副大队长。考虑到宣传大队成员的政治背景十分复杂，袁文彬特别关心由上海转移过来的革命知识分子和爱国青年，想方设法对付国民党对爱国青年的引诱、排挤和打击，将他们紧紧地团结在党的周围，千方百计把服务团中的地下党员、爱国青年组织输送到延安，引导他们走上革命征途。

1938年3月，在中国共产党的建议并敦促下，国民党恢复了国共合作的军事委员会，周恩来担任政治部副部长，郭沫若担任政治部负责宣传的第三厅厅长，袁文彬调入"三厅"工作，在周恩来和郭沫若的指示下，率领战地宣传队到江西、皖南一带进行宣传活动。

10月，日军占领广州、武汉后，已无力再发动大规模的战略进攻。由此，全民族抗日战争由战略防御阶段进入战略相持阶段。中国共产党当仁不让地肩负起抗击日本侵略军的主要责任，党领导的敌后游击战争成为主要的对日作战方式。袁文彬他们在湘鄂赣边区一带进行战地服务，后又随军到了长沙。

11月12日深夜，抗战史上震惊中外的长沙大火灾（史称文夕大火）发生后，袁文彬参加了由周恩来亲自领导的抢救和善后工作。长沙大火后，国内政治局面逐步逆转，宣传大队在长沙休整。针对国民党反动派采取的消极抗日、积极反共方针，特别是国民党第九战区政治部副主任胡越，突然逮捕宣传队的所谓"共产党可疑分子"、大肆叫嚣反共的行为，袁文彬一面提出抗议，一面组织队员进行有理有节的不懈斗争，最后迫使胡越释放了被捕人员。

宣传大队休整后辗转江西南昌、湖南湘潭与衡山、广西桂林等地，一路上四处进行抗日宣传，演出《最后一颗手榴弹》《放下你的鞭子》《死里求生》

《人命贩子》《三江好》《顺民》等剧目和《义勇军进行曲》《大刀进行曲》《流亡三部曲》《打回东北去》《太行山上》《保家乡》《长城谣》等歌曲，号召坚持抗战到底反对妥协投降，坚持团结反对分裂，坚持进步反对倒退。

宣传大队到重庆后，遭到国民党反动派的怀疑、歧视和百般刁难，进步青年、知识分子被扣上"危险分子"的帽子，意欲加紧迫害、彻底"清洗"。有的同志身份暴露、行动受到监视，宣传大队无法继续维持下去。在党组织的安排下，袁文彬于1939年冬带领一批青年，冲破重重障碍终于到达延安。精通德文的袁文彬化名袁志远，被中共中央安排在编译局工作。他还参加了著名的"又战斗来又生产"南泥湾大生产运动，"开满山"的鲜花下渗透过他的汗水。

1940年5月，袁文彬跟随周恩来离开延安，到重庆八路军办事处工作。为了贯彻"发展华中"的战略方针，周恩来受党中央委托，于1939年2月到皖南与新四军领导人商定新四军的战略任务是向南巩固、向东作战、向北发展，新四军和华中敌后抗日游击战争有了较大发展。1940年夏，袁文彬按照党组织的指示离开重庆，与黄埔同班同学袁国平一起随叶挺到新四军军部工作。他毕业于黄埔军校，又有去部队直面强敌、共赴国难的愿望，而正在发展壮大、开辟敌后根据地的新四军又急需干部，周恩来便分配他去新四军工作。

袁文彬到新四军军部工作时，正值中共中央发布新的战略部署，新四军已着手发动群众，开展独立自主的敌后游击战争，努力收复被国民党军队丢失的大片国土，开辟新的抗日根据地。这年隆冬，他按照党中央"向北发展"的指示，接受军部安排的新任务，风尘仆仆，跋山涉水，历经艰险，从大江之南来到苏北盐城新四军、八路军总指挥部，在盐阜地区开辟新的革命根据地。

盐阜地区，日伪顽匪势力犬牙交错、盘根错节，当地百姓备受压榨、欺凌和蹂躏，生活极度困苦。但共产党员是不讲条件的，哪里需要就到哪里去。因为斗争的特殊性、复杂性和残酷性，袁文彬给自己取名方强。陈毅曾受袁文彬之邀作过报告，知道方强是自己早就熟悉的袁文彬后，非常高兴地接见了他。

方强表达了想到抗日第一线去的愿望，陈毅思考了一下说："你搞文化宣传工作是内行，暂且先留在政治部搞文化宣传吧，至于到第一线去工作的事，以后再说。"方强愉快地服从组织安排，担任新四军盐城县二区民运队长。

方强对群众的苦难感同身受，一到任就带领民运工作队到盐城以东的斗龙港沿岸开展工作。他们深入群众广泛宣传抗日救国的道理，宣传共产党的方针政策。时值灾荒年景、灾民无数，一些不法地主和粮商趁机囤积居奇或大放高利贷，不择手段鱼肉乡里、敲诈百姓，我党政军人员同样处于严重缺衣缺粮的困难境地。

方强组织民运工作队深入城镇乡村征集公粮，挨家挨户访贫问苦，发动农民向地主乡绅借粮，开展"减租""减息"斗争，动员各界人士组织起来，成立了农救会、青抗会、妇救会等各种形式的抗日群众组织，改编地主武装，建立人民武装，组织人民群众打鬼子、锄汉奸、抓土匪。他与群众同吃同住，同老百姓扎扎实实地打成一片，在鱼水深情的真情中播撒革命种子、点燃革命的烈火，强有力地领导广大人民群众坚持敌后抗日斗争。经过一段时间的宣传发动，民众的抗日激情日益高涨，盐东地区的党组织得到了很好的发展，抗日民族统一战线的旗帜高高飘扬。

为加强地方抗日民主政权建设，充分发挥抗日政府的领导职能，坚持敌后武装斗争，盐东区成立了"盐东行政公署"，方强任行署主任。一到任，方强就颁布了政府工作纲要和施政纲领，惩处、撤换了一些反动的乡保长，提出了反贪污的口号。对那些残酷剥削、压迫人民的旧机关人员进行了斗争和教育，迅速改变基层政权为少数豪绅、地主、封建势力把持的局面，稳定了人心和地方秩序，为基层政权进一步改造打下了良好基础。

1941年夏，日伪军纠集2万多人在飞机的掩护下，对盐阜地区进行了疯狂的大扫荡，再次占领盐城及重要集镇，控制了水陆交通线。为了解决根据地被分割造成的过于分散、不便于管理的状况，上级党组织决定将老盐城县划分为盐城、盐东、建阳三个县。串场河以东、黄沙港以南、大丰盐垦以北，即今大丰境内的三龙、丰富、斗龙一带为盐东县，下属六个区。虽未对外公开，但已确定方强为盐东县县长兼县大队长。

方强按照上级党组织的指示，积极着手进行盐东县人民政府的筹备工作。他废寝忘食、四处奔波，发动群众坚壁清野反"扫荡"，克服诸多困难不让粮食等物资落入敌手。他的努力，为这块土地有史以来的第一个人民政权的诞生奠定了基础。

这年10月，在盐东县人民政府正式成立前夕，为了深入动员民众有钱出钱、有力出力，团结一心抗击日寇，方强带领税务主任陶国、妇女主任兼指导员张琼英、通信员王锦亮，来到亭湖黄尖镇指南村附近的"大佑公司"，召集各界有识之士商讨抗日大计，动员他们支持发展抗日武装。不料，就在那天夜里，华川港的日伪军半夜出动下乡扫荡，突袭包围了大佑公司。方强立即采取应急措施，组织隐蔽与突围。

张琼英与方强在突围转移中先后不幸被捕，其他同志得以脱险。方强发现敌人并不掌握他的身份，就自称赵竞存，是来此做木材生意的上海大陆洋行管账先生。为了掩护方强，张琼英佯称是方强的妻子。敌人根据他们的装束信以为真。伪军以为上海大商行职员一定很有钱财，想乘机榨取钱物发笔横财，便在押送中将张琼英释放，让她回去筹款再来赎人。方强先被押到盐城南洋岸镇，后押送盐城。由于日寇不明方强的身份，最后就将他转交给了伪军，扣押在驻扎伍佑的伪33师师部。

党组织获悉方强被捕，立即组织多方营救。通过伍佑开明绅士和伍佑商会长等多方人士出面，与伪军打通关节，商妥出15担皮棉的钱即可释放。与此同时，居住上海的周培善获悉女婿在苏北被捕，也焦急万分地四处奔走，积极设法营救。可就在即将获释时，曾被方强收编后又叛变的汉奸兵痞，指认他就是新四军民运队长、盐东行署主任方强。得知方强的真实身份后，敌人将他重新收押，严刑审问。

面对汉奸的当面对质和酷刑，方强愤怒地骂道："汉奸、叛徒，中国人民绝不会饶恕你们这些历史罪人，中国人民一定会审判你们！"铮铮傲骨，令敌人心惊胆战。因害怕新四军营救，敌人在朔风怒号的当夜，押着遍体鳞伤、拖着沉重铁镣的方强，走向伍佑镇东郊荒野一个预先挖好的深坑。站在深坑边，方强凛然镇定地用戴着镣铐的双手，先整了整金丝眼镜，再理了理头发，最后横眉怒视、振臂高呼："打倒日本帝国主义！""中国共产党万岁！"……响亮的口号，划破了黑夜长空。惊恐万状的敌人，立刻将他推入坑中。立志报国、弃家救亡、年仅40岁的方强英勇就义，年轻的生命永远定格并安息于盐阜大地这块热土上。

短短十几年血与火的生涯，袁文彬为党的革命文化事业和抗日根据地建设作出了不朽的贡献。方强同志虽然牺牲了，但他的光辉形象一直活在人们心中。烈士牺牲的噩耗传开后，盐阜地区的领导干部和广大群众无不悲痛万分。新成立的盐东县委、县政府为方强召开了隆重的追悼大会，人们纷纷表示要化悲痛为力量，传颂、学习并继承烈士的革命遗志，下定决心与敌人血战到底，夺取抗日战争的最后胜利。

郭沫若对袁文彬的牺牲更是悲痛异常，他在《洪波曲》一书中专门写了团长袁文彬，在《革命春秋》中深情地追忆了袁文彬烈士的不朽事迹。柳亚子先生得知噩耗后扼腕叹息，沉痛地写下小引并诗《青浦袁文彬烈士挽词五月三十一日作》："余与烈士论交十余稔，不为翕翕然，同居沪上，过从不逾三次，皆有所商榷而来也。去岁从军苏北，为敌所杀，诗以追哭之。痛史南明异代春，依然野哭细林辰。一匡事业嗟余晚，三顾殷勤感汝频。旧侣朱侯同血面，鬼雄陈夏有传薪。云间鹤唳伤心极，酹酒终期泖水溽。"

"国际悲歌歌一曲，狂飙为我从天落。"

为了表彰和永远纪念革命烈士，让英名永留、激励世代。1945年，盐阜人民将烈士生前战斗和工作过的盐东县斗龙区更名为"方强区"，新中国成立后又以烈士英名命名为"方强公社"，还有省属的"方强农场"。方强公社后来先后更名为方强乡、方强镇。2010年8月，方强镇在区划调整中并入新丰镇，称方强居委会。"方强"与新丰成为一家，我为之感到荣幸、自豪、骄傲，又有点为"方强镇"被并掉惋惜。好在从当地邮局寄出的信件，邮戳上依然保留"方强"字样。在这片红色土地上的人们，一如既往在用各种形式纪念着烈士。这"方强"的背后是人名、地名，更蕴涵着丰厚革命精神，承载着盐阜大地党的光辉历史。

周淑贞直到新中国成立后才得知袁文彬光荣牺牲已近十年了。悲痛欲绝的她，当即致函盐城人民政府及相关部门，千方百计寻找丈夫遗骸。后经当地政府和民众的共同努力，终于在伍佑中学传达室钟架下找到了烈士牺牲的确切地点。人们在清除掩盖烈士遗体十二年之久的黄土时，看到胫骨上依然戴着一副锈迹斑斑的铁镣，头骨旁躺着一副烈士生前常戴的金丝眼镜。大家情不自禁双膝跪地：方主任，我们找了十多年，终于找到您了！"

经辨别确认后的烈士忠骨，按照其夫人周淑贞的意见运到上海，先安葬在万国公墓，后经时任上海市市长陈毅批准，单葬上海江湾公墓，烈士岳父周培善亲自为其题写碑文。1982年，上海市人民政府决定将烈士遗骸迁葬龙华烈士陵园，并立碑纪念，供人瞻仰。烈士老家青浦练塘镇河畔的东风街上，也保留了袁文彬青少年时居住过的清代江南典型的砖木结构、粉墙黛瓦的老式民居。

1981年，在袁文彬烈士牺牲40周年之际，大丰县委、县政府隆重举行烈士纪念大会，新建的方强乡烈士陵园也向社会开放以供瞻仰。为永远怀念烈士、教育青少年学生，1995年，盐城市伍佑中学在烈士被害处兴建了"人"字形纪念碑，花岗岩石碑上镶嵌着方强烈士的汉白玉浮雕像和高擎的火炬，碑后刻有烈士生平简介以昭示后人。烈士生前工作战斗过的方强镇，也建了烈士衣冠冢并树碑纪念。

此次应约回老家参加大丰区红色旅游线路文化采风活动，我们走进烈士陵园，共同缅怀方强烈士。在中华民族解放伟大征程上，这位献身抗战文艺的出类拔萃革命者，铁骨铮铮文化人，应获景仰、该被铭记！他应"圆"时就"袁"，该"方"时就"方"，应文质彬彬就"文彬"，该坚强顽强就"强"！他既是敢爱敢恨、内圆外方、对党赤诚、为国捐躯的典范，又是能文能武、能屈能伸、文武全才、刚柔并济的楷模！

我那烈士鲜血浸染的卯西河流域、盐阜老家，如今正在通过讲好烈士故事、继承先烈遗志、用好红色资源、厚植红色底蕴、传承红色基因、激励"方强精神"，赓续方强烈士英勇善战、勇往直前的红色血脉，对党忠诚、视死如归的浩然正气，为国为民、艰苦奋斗的优良作风，把人民群众对美好生活的向往作为继续奋斗的力量源泉，激发党员干部和人民群众干事创业的精气神。加快建设美丽乡村，完成烈士未尽心愿，以传承弘扬红色基因赋能高质量发展，建设"产业兴旺、生态宜居、乡风文明、治理有效、生活富裕"的美好家园。

作于 2024 年 6 月 12 日

从上海走来的盐阜英烈

◇ 范申

他出生于上海，清贫之家强其筋骨；他求学同济，革命风暴增其斗志；他从戎黄埔，烽火阵地传其英名。从北伐战争到土地革命，从抗战前线到敌后根据地，他最后将殷红的热血洒在了盐城这片红色的土地。他，就是革命烈士方强。方强，原名袁文彬，他的英名列入了《新四军英烈志》（新四军战史编辑室撰，解放军出版社出版），被原民政部列为第二批600名著名抗日英烈之一。在盐城大丰，这里有以烈士命名的方强镇（如今的大丰区新丰镇方强社区），以及以其命名的国有大型农场——江苏省方强农场。

求学同济从戎黄埔

夜，昏黄的街灯似瞌睡的眼，迷迷蒙蒙的。此时，临街的宝隆医院一间工房里的白炽灯下，一位正在劳作的年轻小伙衬衫早已湿透，他的脸上也沁出了密密的汗珠。

小伙子名叫袁文彬，因家贫而过早失学，17岁时孤身一人从家乡青浦来到了十里洋场的上海市区，靠卖报、做保洁等杂活谋生。袁文彬的心里总有一个念头：多挣点钱，早日回到学校读书去！

就在袁文彬苦于求学无门时，一位善良的商人得知内情后决定资助其上学。1920年，袁文彬考取了同济医工专门学校，专修德文。此时，知识的世界一步步向袁文彬打开了大门，革命的星星之火也已经在这里点燃。1921年，陈独秀在上海成立了共产主义小组，春天的惊雷已经响起。

1924年，袁文彬升入同济医工大学医预科。第二年，他当选为该校学生会会长。1925年5月，袁文彬率领同济医工大学的学生参加了声势浩大的五卅运动。血与火的洗礼让袁文彬更加深刻地认识到：单纯读书解救不了中国，只有参加革命队伍，自己才能担负起更崇高的使命！

1925年7月，袁文彬提前结束大学生涯，前往广州，入学黄埔军校入伍生部受训。次年3月，入学第四期政治科，正式成为黄埔军校军官生。此时的袁文彬得到时任军校政治部主任周恩来的关注和重视，从而也得到了随军北伐的召唤。

1926年7月的广州，北伐誓师大会如期举行，"打倒列强，打倒列强！除军阀，除军阀！……"威武雄壮的《北伐军军歌》响彻云霄。任职北伐军总司令部政治部宣传科的袁文彬跟随着北伐军一路翻山越岭，过江渡河，从湖南、湖北到江西，钢铁洪流滚滚向前，革命步伐势不可挡。

1927年3月的上海风云涌动，正在领导上海工人武装起义的周恩来在百忙之中会见了先期到达上海的北伐军先遣队袁文彬等人。此时，一场政治大风暴即将来临，回到阔别一年多的上海，袁文彬在眼前这个光怪陆离的世界里，他看到了剥削和压迫，看到了不公和民愤。"北伐的目的是什么？中国革命的出路在哪里？"袁文彬陷入了久久的沉思。

事件的发展急转直下，从蒋介石发动四一二反革命政变到汪精卫召开"分共"会议，革命形势陷入了低潮。暮色之中，袁文彬临窗而立，反复回味思考着几天前周恩来同志给大家宣讲的那些话，要继续做党分派的工作……袁文彬轻轻地推开窗户，清新的空气扑面而来，他一下子醒悟了许多……

投身抗日激情宣传

1937年8月13日，淞沪会战爆发。凄厉的防空警报声不时地在城市上空响起，看到那涂着血红色膏药旗的日本飞机俯冲投下了炸弹，周围的市民们惊恐地四处躲藏，袁文彬紧紧地握起了拳头，他恨不得一下子将呼啸的敌机砸个粉碎！远处，激烈的枪炮声不断地响起，那里有前线的将士们正与日军进行着殊死战斗。此时的上海早已不见往昔繁华安逸的景象，铁丝网，沙袋，掩体到处可见，战争就在每个人的身边。

这时，从日本回来不久的郭沫若组织起了战地服务团，从事战地宣传、组织、纠察、救护等工作。此前的十年时间里，迫于大革命失败的严峻形势，早在1926年就已经入党的袁文彬被迫隐姓埋名转入地下工作，在上海商务印书馆从事德文翻译工作。在这里，他与一起工作的同事诗人柳亚子结下了深厚友谊。

战火已经烧到了家门口，中华民族已经到了最危险的时刻。此时的袁文彬再也坐不下去了，在上海地下党组织的领导下，他参加了战地文化服务团，积极开展抗日救亡工作，宣传共产党的抗日主张。

战事紧张，战地文化服务团即行出发前往昆山抗日前线。那座石库门老房子前，袁文彬与妻儿们依依不舍地分别，在小儿子声声"爸爸！爸爸！"的哭喊声中，他擦干了泪水，毅然冲进了前进的队伍……

从昆山到安庆，从九江、南昌再到武汉，袁文彬一路跟随战地文化服务团跋山涉水、风餐露宿，哪里有抗日的队伍，哪里就有这些文化服务队员的身影。他们用歌曲、短话剧、战地小报等积极宣传抗日，鼓舞士气。"起来，不愿做奴隶的人们，用我们的血肉，筑成我们新的长城……""大刀向鬼子们的头上砍去，全国武装的弟兄们，抗战的一天来到了……"激昂高亢的歌声激发起了前线官兵的高昂斗志。袁文彬时时和战士们唱着这样的歌，澎湃的激情涌动在心里，他想起了铁蹄下的上海青浦，他想起了到处有森林和煤矿的东北，还有那富饶辽阔的华北大平原……

"没齿难忘仇和恨，日夜只想回故乡！"袁文彬思念着刺刀下生存的妻儿和沦陷区的家乡人民。面对日寇的侵略，苦难的中华民族只有团结起来，坚决地抗争到底，才是唯一的出路！袁文彬心里默默地发誓：只有打败日本侵略者，自己才会回到家乡与亲人们团聚！

革命基层血洒盐阜

1939年12月，在蒋介石掀起了抗战时期的第一次大规模反共高潮后，袁文彬所在的战地服务团已被解散。在重庆八路军办事处的帮助下，袁文彬等一批革命青年于这年冬天顺利到达延安，袁文彬被安排在了中央马列学院从事德文翻译工作。

巍巍宝塔山，潺潺延河水，在革命圣地延安，袁文彬尽情地呼吸着这里的新鲜空气。延安的每一株草、每一棵树都让袁文彬感到高兴和愉悦，这是一种在革命大后方俱之而来的精神升华。一个个的深夜，简陋的窑洞里油灯闪烁，袁文彬仔细校译着马列原著。长夜终会过去，阳光灿烂的新一天必将来临。

不久，党又给袁文彬分配了新的革命工作。1940年春，39岁的袁文彬随周恩来到达重庆八路军办事处工作，后即跟随叶挺、袁国平等人一起来到皖南新四军军部。同年11月，袁文彬化名方强，来到苏北盐阜抗日根据地，揭开了他辉煌人生的新一页。

古老的串场河静静流淌，咸涩的黄海风扑面而来，多年的革命经历让袁文彬很快熟悉了这里的陌生环境，他也适应了人们对他的新称呼——方强。方强广泛宣传党的抗日主张，发展新党员，建立党组织，制定减租免息政策，动员青年参军，成立民兵组织……盐东大地的抗日组织动员工作如火如荼。

"呼！呼！"突然的枪声划破了盐东县1941年10月的秋夜。方强和几位同志正在开会的大佑公司，被日伪军包围了！方强和张琼英两位同志先后不幸被捕。

面对敌人的审讯，方强机智地称自己是从上海来盐城收账的管账先生。敌人没有识破，将他作为人质扣押起来以求赎金。

"他不是什么管账先生，他是新四军的民运队长方强！"一天，两个熟悉他的伪军突然认出了方强。

严刑拷打之下，方强始终没有透露丝毫党的秘密。"我怎个死法？怕死不是共产党员！"方强坚定有力的声音让日伪军感到了绝望。1941年11月的一个深夜，天黑如墨，没有一点星光和月色，方强被活埋于盐东伍佑镇龙王滩的一处荒地里。

南社巨人、革命老人柳亚子在得知方强牺牲后悲痛难抑，挥笔写下挽词：

痛史南明异代春，依然野哭细林辰。
一匡事业嗟余晚，三顾殷勤感汝频。
旧侣朱侯同血面，鬼雄陈夏有传薪。
云间鹤唳伤心极，酹酒终期泖水湄。

八十载风云际会，方强英名熠熠生辉。串场河碧水长流，南黄海涛声依旧，方强烈士与大地同在，与时光同行。

作于2024年5月27日

方强与郭沫若

◇ 张汉林

北伐相遇

方强（袁文彬）与郭沫若最早相遇于风云激荡的1926年。这一年，广州国民政府发动统一中国的北伐战争。大革命的洪流把这两位热血青年推到了一起。方强和郭沫若同在北伐军总司令部政治部工作，郭沫若担任总政治部宣传科科长，袁文彬为宣传科副科长兼文工团（血花剧社）团长。

1925年7月，经过五卅运动血与火的洗礼，同济大学学生会主席袁文彬放弃还有两年的医科学业，被中共党组织推荐，南下广州报考了黄埔军校，被编入第四期政治科学习。在黄埔军校，袁文彬表现出色，加入了共青团。

1926年6月，北伐革命战争前夕，袁文彬从第四期政治科提前毕业，被分配到广州国民政府政治训练部宣传科担任宣传员，结识了宣传科长、主编《革命军报》的李一氓。

在北伐军总政治部，袁文彬认识了和他一样戴圆边黑框眼镜、比他大九岁的大诗人郭沫若。他在同济大学时就拜读了这位闻名大江南北特别是在青年中有影响的创造社盟主的著名诗集《女神》《星空》，以及翻译的《少年维特之烦恼》，这些文学作品对袁文彬思想进步产生过重要影响。袁文彬和郭沫若一样，原来也是学医学的，不过郭沫若留过洋，毕业于日本九州帝国大学医科，且取得学士学位。

郭沫若从日本回国后，弃医从文，和郁达夫等创造社成员从上海来到大革命中心广州，瞿秋白推荐郭沫若担任广东大学文科学长。北伐前夕，郭沫若投笔从戎，担任改组后的国民革命军总司令部政治部宣传科科长。

北伐军会师武汉，饮马长江。郭沫若安排袁文彬代表总政治部和武汉特别市党部妇女部赵畹华，到南昌迎接统率北伐中路军的国民革命军兼北伐军总司令蒋介石来汉口参加武汉三镇光复庆祝大会。袁文彬组织北伐军总政治部文工团与武汉三镇妇女协会，在汉口新世界剧场联合举行庆祝武汉解放文艺演出大会，受到观看演出的国共两党临时中央负责人及郭沫若、茅盾等广大军民的热烈欢迎。由共青团湖北省委提名，经董必武、吴玉章批准，袁文彬由共青团员正式转为共产党员。

叶挺独立团一举攻克九江、南昌后，蒋介石在南昌设立了总司令部行营，总政治部主任邓演达要求已升任总政治部副主任的郭沫若在南昌设立总司令部政治部分部。郭沫若带领袁文彬、李一氓等六名同志来到南昌，在江西总商会设立总政治部南昌分部，袁文彬任社会股长，潘汉年任宣传股长，李一氓为秘书长。

北伐军东路军即将攻占上海，根据郭沫若安排，袁文彬从南昌回到武汉，李一氓由九江转回武汉。他们奉命请示武汉国民政府，总政治部到上海后如何开展工作，怎样对付蒋介石，以及中央对蒋介石的最后决心，这些都要请示明白，总政治部才能开始工作。

郭沫若命令李一氓带领袁文彬等总政治部先遣队沿江东下，来到上海，在西门斜桥路164号高昌庙制造局设立总政治部并挂牌办公。他们找到了主持中央军委工作的周恩来，向他报告了总政治部的行动安排。在上海，经李一氓介绍，袁文彬与民主爱国人士、著名实业家、民生轮船公司董事长周善培的女儿周淑贞喜结连理。

不久，蒋介石发动"四·一二反革命政变"，查封了总政治部上海分部，逮捕了19名总政治部工作人员。当时，袁文彬、李一氓等中共党员因参加周恩来在湖州会馆工人纠察队分队部，召集到沪各军全体中共党员干部开会而免遭不幸。

郭沫若和党务秘书辛焕文从苏州登上开往上海的火车，在上海北四川路一家日本人开的书店，与袁文彬、李一氓接上头。

大革命失败后，郭沫若流亡日本。袁文彬精通德文，化名袁持中，受党组织派遣，潜伏上海商务印书馆，以翻译身份为掩护，与武汉革命同志保持联系，从事党分派的工作。袁文彬在商务印书馆工作十年，一直到淞沪抗战爆发。在这期间，他结识了柳亚子、夏衍、阳翰笙等上海文化界人士，翻译出版了《战争》《苏俄妇女与儿童》《德国往哪里去》等德文著作。

抗战重逢

1937年8月13日，淞沪会战打响。

袁文彬在上海地下党组织领导下，开展抗日救亡，四处奔走，发动和团结爱国青年与进步文化人士，或撰写文章，或发表演说，积极宣传党的抗日主张。

这时，流亡日本十年之久的郭沫若冲破日本政府的重重阻挠，"别妇抛雏"，回国呼吁抗日。曾是创造社成员、时任八路军驻上海办事处主任潘汉年得知郭沫若从日本回到上海，通知北伐时期的老战友和上海文化界知名人士与郭沫若见面，并由黄定慧（慕兰）发出请柬，在她家举行座谈会，热烈欢迎郭沫若从海外归来。到会者有四五十人，袁文彬应邀参加。这是大革命失败后分别十年，袁文彬第一次见到北伐军总政治部老领导郭沫若。

1937年7月28日，上海文化界救亡协会宣布成立，彼时郭沫若回到上海不久，大家一致推选他担任救亡协会理事长。第三战区左翼第15集团军总司令陈诚要郭沫若以救亡协会名义组织两个战地服务团，分别派到陈诚部和右翼第八集团军张发奎部开展战地宣传服务。每团三四十人，人选一律由郭沫若决定，生活费及服装均由军部负责供应。很快，郭沫若组织成立了两个战地服务团，派到陈诚部的战地服务团第二团由袁文彬担任团长、翁从六为副团长。

日军轰炸上海"大世界"那天，郭沫若冒着浓烈的硝烟和冲天的炮火，再一次来到法租界金神父路花园坊袁文彬家。袁文彬开门一看大惊，没想到郭沫若这时来到他家，郭沫若进门后，掸了掸长衫上的烟尘，气喘吁吁地问袁文彬："国难当头，你还不走，是不是舍不得老母和妻儿啊？"

当时，袁文彬不仅有年迈的母亲，还有5个未成年的孩子，最大的10岁，最小的才3岁。日本帝国主义在家门口狂轰滥炸，烧杀抢掠，他早想奔赴前线从事抗日救亡，他向妻子表示过，他要到抗日前线去，不愿当亡国奴。郭沫若抛妻别雏，远涉重洋，只身回国呼吁抗日，自己这点困难又算什么？

袁文彬最终"抛妇别雏"，带领战地服务团高唱《战地服务团团歌》，奔赴战火纷飞的昆山抗日前线。

袁文彬出发前，郭沫若借他老乡董竹君开的川菜馆锦江饭店，和北伐老友黄定慧、赵畹华一起热烈欢送袁文彬重上抗日前线。

袁文彬和妻儿分别那天，孩子们哭喊着，牵衣拦道，有的紧紧拉住他的手，有的一把抱住他的腿，还有的牵扯他的长衫。袁文彬身上的长衫都被撕裂了，他的心仿佛也被撕碎了。妻子周淑贞一一拉回孩子，全家依依不舍地告别。袁文彬摘下眼镜，掏出手帕，擦了擦模糊的眼睛，撩起长衫，毅然迈向在路旁等待他的军车。他那撕裂的长衫在迎风飘舞。谁也没有想到这竟是生死离别，从此袁文彬再也没有回到过这个家，直至把一腔热血抛洒在盐阜大地。

袁文彬出发前，郭沫若就战地服务团组织及经费问题给陈诚写了一封信交给他，让他面呈陈诚。郭沫若在这信中称赞袁文彬、翁从六"均有才干，且妥察可靠。"

上海沦陷后，袁文彬率领战地服务团跟随陈诚部撤退到大后方武汉。陈诚将战地服务团改组为政治工作大队，又补充了一些青年学生参加，直属武汉卫戍区警备司令部，袁文彬、翁从六分别改任政治工作大队长、副大队长。

抗战全面爆发后，国民党恢复了北伐时期的政治部，直属国民政府军事委员会，陈诚任政治部部长，周恩来为政治部副部长。陈诚邀请郭沫若出任政治部第三厅厅长，主管文化宣传。郭沫若筹组第三厅，急需一大批人才。他得知袁文彬和战地服务团从昆山撤退到武汉后，决定将战地服务团划归三厅领导，把袁文彬调入三厅五处，负责文字宣传。五处即文字宣传处，处长胡愈之，分为文字宣传科、口头宣传科、印刷出版科。袁文彬任文字宣传科科员。五处成立了党小组，成员有袁文彬、陈同生、曹荻秋等。

三厅别离

1938年11月，武汉失守前夕，袁文彬带领战地服务团撤往长沙，参加了长沙大火扑灭和善后工作，后经南昌、桂林辗转来到山城重庆。郭沫若和三厅也从长沙经桂林撤退到陪都重庆。政治部对第三厅实行紧缩精简，三厅由原来三处九科紧缩为4个科，取消了处。此时袁文彬已不能再回三厅工作。在重庆八路军办事处关心和领导下，袁文彬告别了老领导郭沫若，带领战地服务团进步青年来到革命圣地延安。从此离别后，袁文彬和郭沫若再也没有见过面。

袁文彬被安排到延安中央马列学院编译室担任德文译员，与柯柏年、王实味等著名翻译家、作家同事。这时，刚从苏联疗伤回到延安的周恩来，让袁文彬跟随他到重庆八路军办事处。不久，新四军成立，袁文彬又跟随叶挺、袁国平从重庆一起来到皖南新四军政治部工作。

1940年11月，袁文彬积极响应中共中央发出的开辟苏北，"发展华中"的指示，从江南来到盐城，开辟华中抗日根据地。

袁文彬化名方强，担任盐城县二区民运队队长，带领新四军民运队来到盐城县二区深入农户开展民运宣传。成立农救会、灶救会、妇救会，动员青年参军，成立民兵组织，建立区乡武装，发展党员，成立了盐东地区第一个党组织，点燃了革命火种。原来沉寂荒凉、一片空白的盐东大地活跃起来，像黄海大潮一样涌起了抗日怒涛。

1941年11月，盐东县民主政府即将成立，为动员各界出钱出枪组织抗日武装，盐东行署主任（内定盐东县县长）方强带领税务主任陶谷、妇女主任兼指导员张琼英和通讯员王锦亮三位民运队员来到盐东三区大佑盐垦公司开会。

深夜，驻花川港的伪军下乡扫荡，方强和张琼英两位同志不幸被捕。方强身份没有暴露，被转移关押驻伍佑伪军33师团部。在方强即将被释放之际，两个熟悉他的伪军指认了他，在一个月黑风高之夜，被活埋在伍佑镇东荒郊滩子边一个叫龙王滩的荒野坟地。方强临刑前高呼：方强杀不尽！杀了一个方强，会有千千万万方强站起来！壮烈牺牲时，方强年仅40岁。

从北伐军总政治部宣传科起，直到抗战时期第三战区左翼第15集团军司令部战地服务团、武汉卫戍区警备司令部政治工作大队和国民政府军事委员会政治部第三厅，袁文彬一直在郭沫若直接或间接领导下工作，并与郭沫若结下了深厚的情谊。后来，郭沫若在他的自传《革命春秋》和回忆录《洪波曲》中，多处用浓墨重彩追记了袁文彬参加北伐军总政治部、战地服务团、政治部第三厅及牺牲苏北的情况。20世纪60年代，郭沫若见到方强的妻子周淑贞时深情地说："文彬和我交情很深，我们是好朋友。"

（本文刊发于2019年11月4日《盐阜大众报》）

徐鸣两进西渣

◇ 徐应葵

我的父亲徐鸣于1937年12月从上海来到大丰，那是他热爱党、热爱祖国的一段激情燃烧的岁月。一到大丰这块红色热土，他不惜牺牲个人一切利益，投入抗日洪流，并下定决心为之浴血奋战。父亲用生命为自己抒写了一本厚重的史书，本文只记述他在抗战期间两次奔赴西渣（现属草堰镇）任职的故事。

我写本文，一为不忘先烈，响应党的号召，继承红色基因；二为鞭策自己，教育后代。

一赴西渣

1941年8月，父亲徐鸣被抗日民主政府东台县党组织派往西渣区任民政助理。本就脚踏实地、工作认真负责的父亲当然深知这项任务的重要性。当时的西渣是敌我拉锯之地，形势非常复杂，斗争非常激烈，是抗日的一块前沿阵地。

《大丰教育志》这样记载当时的西渣形势："西渣区南有东台，西有草堰，北有西团，三面受敌。敌伪白天扫荡，夜间袭击，我区署经常转移，敌伪也不断追踪。"

接受并完成艰巨的工作任务，父亲有他的优势。首先，父亲有爱党爱祖国的赤胆忠心，有不怕困难，越是艰险越向前的顽强战斗精神。其次，父亲很会发动群众，每到一处，都能与群众打成一片，建立良好的干群关系，受到群众的拥护与爱戴。再其次，父亲是知识分子，有文化，很睿智，工作起来有办法。但父亲到西渣工作亦有劣势，他是海门人，海门话与西渣"本场话"相差甚远，他一开口说话就能暴露自己，这使他工作起来很不方便。好在父亲本就性格内向，很少与别人闲谈拉呱，这一性格为他的方言缺陷打了点掩护。但是，汉奸无孔不入，即使再小心谨慎，也总会被他们盯梢发现。

那一天晚上，父亲等5人住在区署，深夜，被东台伪军缉私大队包围。《大丰教育志》这样记载："1941年11月10日夜间，敌伪突然袭击，徐鸣与另外4人同时被捕。"

那晚，父亲等人入睡后，突然被外面的枪声惊醒时，门外岗哨已与敌人交火。他们立即起身把文件塞进灶膛烧毁。

《大丰教育志》记述："……徐鸣嘱咐其他四人遵守三条纪律。一不暴露身份，二不出卖同志，三不叛变。"

海门人的房子是有前后门的，急急烧毁文件后，父亲本能地去摸后门想冲出去，但他们住的当地房是"丁头舍"，哪有后门？5人被捕。

5人被分开关押，分开审讯。因为汉奸告密，日本人知道共产党派在当地工作的是海门人，徐鸣就是他们要抓的人。父亲承认自己是海门人，但坚决不承认自己的职务，始终只讲自己是来此地做生意的。其他几人也遵照被捕前的约定，没有供出徐鸣的身份，为后来党组织的营救工作争取到了时间。

有一次，鬼子在审讯时，抓起父亲的右手一看，一个老茧也没有。火了，骂骂咧咧，认为他是共产党内拿笔杆的人物，怀疑他是共产党的干部，说着，拿起一把军刀就向父亲的脖子砍去，顿时鲜血沿着他的衣襟流淌不止。鬼子本不是要杀他，因为他没有暴露身份，所以不能定案，只是在威吓他。徐鸣被砍后，伤口得不到包扎，得不到治疗，吃不到药，日本鬼子的监牢卫生条件又极差，伤口很快化脓溃烂，衣服被血脓沾染结疤，反过来再硬磨伤口，就这样伤口长时间不能愈合，后来形成了一道深深的疤痕。这道伤痕，留在父亲脖子上，伴随他终生。

在坐牢的80天中，折磨他的何止这些。光是审讯，就十分残忍，每次都有新的花样。肉体的摧残与精神的折磨相互叠加，铁打的汉子也要倒下。父亲是准备死了，他已全身瘫痪，站立不起。然而，他坚持党性，站稳立场，坚决不丢民族气节，他有中国人的脊梁和骨气，他有中国知识分子的觉悟与品格，父亲是大写的中国人。

《大丰教育志》这样记载："关押80天后，于1942年1月20日经党组织营救出狱，但徐鸣已是遍体鳞伤。"

我的姐姐徐应芙当时4周岁，父亲出狱时，母亲带着她去迎接父亲，她记得清楚："父亲当时用担架抬出，躺着一动不动，除了他在喘气，表示还活着以外，其他犹如死了一样。"（引自徐应芙《怀念父亲》一文）

在森严壁垒、充满杀气的氛围中，一个4周岁的孩子，又面临如此模样的父亲，被吓坏了。每个人的记忆都有这样的特点，尽管年龄小，太恐怖或太悲伤的事件，在记忆深处是难以磨灭的。姐姐的记忆是真实的，她是现场目击者和见证人。

出狱后，父亲被党组织安排在大丰南阳乡下的顾一成伯伯家疗伤，由母亲照顾。顾一成，一个不在前线抗日的抗日战士，他的一家要冒多大的风险接纳徐鸣避难疗伤！

二赴西渣

父亲徐鸣，刀俎余生，养伤一段时间，还未康复，旋即又往西渣工作。

这次，他担任了西渣区区长。因为伤势未愈，走路一瘸一拐的，当地群众叫他"瘸区长"。戴文华同志参加编纂的大丰《草堰镇史》"西渣区署区长一览表"注明："1942年8月至1943年2月，区长为徐学海（徐鸣）。"现在，我的手头保留着一本《徐鸣传》，是党的十一届三中全会后的大丰县委为落实党中央政策，为老干部平反，指示健在的老干部为故去的徐鸣写的材料。没有署名，据说作者是姚恩荣、张炎、李朴等老一辈革命同志。这本材料说："1942年，徐鸣任西渣区区长……"

明知山有虎偏向虎山行。史料记载，第二次去西渣，是父亲主动请战。为什么要带病请战？党史研究者、盐城市教育局原副局长周晓林说："……徐鸣是要以死明志。"说的是因为之前曾怀疑他为"托派"，"托派"是要被枪毙的。危急时刻，他被苏中二地委章蕴书记救出。刀下脱身，得以活下。（见大丰陈同生撰《吹尽狂沙始见金》一文有关章节）。一旦被疑，印象难以消除，他用以死明志的举动，表明自己不是"托派"。他还要报答党的救命之恩，去完成他的未竟事业，这是他一向坚持真理、热爱中国共产党的由衷表现。

《大丰教育志》这样记载："出狱不到3个月，伤势未愈，徐鸣主动要求重回西渣区继续战斗。1942年5月，被委任西渣区区长职务。时值抗战最困难时期，西渣情况更为复杂，时时都有被捕可能，但他以带病之身，依靠群众，坚持斗争，表现了不怕牺牲的大无畏精神。同年10月29日夜里，敌对西渣区署再次追踪包围，徐鸣冒死突围，幸免于难。"

这次被围时，父亲记住了上次被捕的教训，他冷静地想，这屋子是没有后门的，只有拼死冲出去，死了就是牺牲，冲成功就是胜利。狭路相逢勇者胜，父亲打开手枪枪栓，隐蔽在门后，敌人在外面大呼小叫，不敢进来。少顷，他迅速开门，冲出去，挥舞着手中的枪，"突突突"，子弹飞出，就在外面的汉奸与鬼子一愣之间，父亲早已消失在夜色中了。他游过两条河，方到达安全地带，得以逃脱。返回台北县委，父亲向领导汇报了西渣区署再次遭遇敌人袭击的情况，英勇行为得到了县委组织部于晶部长的高度赞扬。

生活在中华民族生死存亡年代的父亲，提着脑袋干革命。时代决定了一个平凡人的命运，时代也成全了一代知识分子的爱国爱党的红心与行为。如今，徐鸣的形象与影响早已留在了大丰这块他为之奋斗一生的土地上，徐鸣的事迹也已载入了大丰史册。

书写父亲徐鸣的事迹，我心中同时想着的绝不止父亲一人。千千万万个民族勇士的形象一起向我奔腾而来，让我万分敬仰，我同样缅怀他们！

愿父亲徐鸣安息！

愿所有的为中国革命牺牲的前辈安息！

作于2024年4月12日

青春的光华　战斗的诗篇

◇ 陈海云

时光流逝，新四军华东野战军第11纵队31旅93团3营教导员李宝璋烈士已长眠在大丰沈灶近80年了，至今还很少有人知道他的事迹。现将部分事迹整理出来，让大丰这片血染的热土开出更加艳丽的花朵，以慰英灵！

李宝璋，1921年出生，上海闸北区人。父亲为普通工人，生活艰苦，但仍想尽办法供儿子读书。李宝璋学习刻苦，思想进步，具有很强的爱国心，希望有一日能够上前线杀敌保国。

投笔从戎，参加新四军

1938年，全面抗战进入第二年，中共上海地下党组织通过工厂、学校组织进步青年，将他们输送到皖南参加新四军抗日。李宝璋和他的弟弟李朴群被地下党组织选中，由赵朴初组织上百热血青年，一道突破日伪重重封锁线，经浙江省山区，辗转来到皖南新四军军部，参加了新四军。由于李宝璋有文化，被选入军部教导总队学习。教导队毕业后，被分配到部队工作，先后担任排长、指导员、副教导员、教导员等职。1941年1月皖南事变爆发，李宝璋九死一生，突破重围，秘密渡过长江，来到苏北新四军部队。

抗日战争胜利后，李宝璋所在部队经过两次整编，先后被编入华中野战军第7纵队和华东野战军第11纵队，李宝璋任93团3营教导员，营长是王法。

1946年6月，国民党反动派撕毁国共双方签署的和平协定，向解放区大举发动进攻，从此，历史进入了解放战争时期。同年7月，国民党军队向中国共产党领导的苏中解放区发动进攻，苏中军民在粟裕、谭震林的指挥下，取得了

"七战七捷"的胜利,为我军取得解放战争的胜利提供了宝贵经验。

"七战七捷"胜利后不久,国民党又把战火从苏中烧向苏北,向华中解放区的中心淮安、淮阴发动进攻,粟裕率华中野战军转战于两淮地区,取得了宿北大捷后,又转战鲁南。为保障华野主力的战略转移,华中野战军第7纵队被留在苏中阻击敌人沿通榆路北进,以保障主力部队的作战转移。从1946年9月至12月,7纵队在通榆路沿线,进行了惊心动魄、艰苦卓绝的阻击保卫战。

防守富安,刺刀见红

阻击防守的第一仗是1946年10月16日始于东台南边的富安阻击防御战。这个防御的主要方向是由7纵31旅93团3营打的。上级规定要死守3天,3营坚守了5天,敌人久攻不下,向3营的阵地发了1万多发炮弹,把壕沟都炸平了,敌人开炮时,部队进入防炮洞,等敌人炮火停了,部队则从防炮洞里出来,利用敌人的炸弹坑进行防守。李宝璋冒着敌人的炮火,深入炸弹坑里做干部战士的思想工作,鼓舞士气。敌人冲上来时,李宝璋则带头跳出炸弹坑和敌人拼刺刀,硬是把敌人杀了回去。在炸弹坑旁留下了敌人一具又一具尸体。

5天坚持下来后,李宝璋和王法营长又主动提出再坚持一天。第6天战斗更加艰苦激烈,敌人除了打炮外,还派来飞机轰炸,部队虽然伤亡较大,但硬是坚持了下来。富安防御战共坚持了6天,受到了纵队首长嘉奖慰问,称3营是"敢于刺刀见红"的部队。

富安防御战后,又经过东台保卫战。同年10月,敌人虽然占领了东台,但被我军打怕了,未敢再向北推进,两军对峙了一个多月。纵队领导利用这个机会在东台以北18里的丁溪河沿岸组织防御,迎接更大的战斗考验。

反击丁溪三总,勇救友军

1946年11月26日下午,驻东台国民党李天霞部83师从东台沿通榆路北犯，凭借优势兵力向丁溪、草堰发动猛烈进攻。丁溪河是东台北边我军的第一道屏障，丁溪守备防御战斗是由7纵31旅93团为主进行防守的，其部署为：93团1营防守丁溪的正面，防守丁溪东边三总的是2营，3营为预备队，驻守后边的草堰。防御进入第四天时，敌人突破三总2营防线，从后路包围1营，形势非常危急。旅部命令增加91团的1个营和93团3营领导带领7连与8连（1连留守草堰）抄敌人后路，把突破三总的敌人消灭掉。这很危险，因为搞不好，会遭敌人优势兵力前后夹击。3营长和教导员各带一个连展开战斗队形，手握手榴弹冲锋，一颗颗手榴弹炸得敌人皮开肉绽，同时用重机枪猛扫，猛冲猛插，一下子插到了敌人的后方，把敌人打愣了。进攻之敌只好停下来，不敢再向前追击，因不知虚实，也不敢向3营部队发动进攻。

敌停下来后，3营也停下来，利用地形地物建立临时阵地，架好机枪、上好刺刀，拉出手榴弹弦绳，准备随时和敌人硬拼。李宝璋则发挥他政治工作的特长，鼓励官兵要敢于和敌人面对面打硬仗。就这样，敌我双方僵持着，时打时停，坚守了两天两夜，93团1营与2营部队则乘机突出重围，安全撤回。等友军撤回后，93团3营和91团的部队也跟着撤到原阵地。3营继续完成守卫草堰任务。由于反击连续两天两夜，指战员们都没有得到休息，很疲劳。为了鼓舞士气，李宝璋立即召开干部与战斗骨干会议，进行政治动员，要求大家发扬我军连续作战不怕疲劳作风，打好草堰保卫战。李宝璋的动员报告有声有色，调动了全营指战员的积极性，上上下下都写决心书，保证打好草堰防御战，最终迎来草堰守卫任务的胜利。

伍佑保卫战，人在阵地在

7纵部队经丁溪、草堰、白驹、刘庄节节防御战斗后，93团奉命撤到伍佑，阻击敌人对盐城的进攻，91团守柏家巷，93团守林家桥。伍佑防御战开始打得很好，但敌人在兵力与武器装备上都占有优势，阵地还是被敌人突破了，快打到93团的指挥所，若再向前就打到旅指挥所，会影响到整个防御保卫战。这时

3营为旅后备队，旅长决定由3营组织反击，向敌人反攻，从白天打到黑夜，步兵连长和9连连长都负了重伤，7连3个排长都牺牲了，战斗异常激烈。

敌人则组织火力，大炮、飞机一齐上，猛烈地向3营阵地发起攻击，3营则利用河沟组织临时防御工事阻击敌人的反扑，在敌人猛烈炮火下，机炮连的连长又牺牲了，指战员伤亡很大，和上级联系的电话线也被炸断了，旅首长连派3名通讯员与3营进行联系，就是一句话，要3营"一定要守住"。

李宝璋则代表全营向首长表了决心，他在纸条上写道："人在阵地在！请首长放心。"让通讯员带给旅首长。然后，李宝璋则冒着敌人的炮火高喊："同志们要坚决顶住，人在阵地在！要为死难的兄弟报仇呀！"指战员们听到教导员坚强有力的声音，个个信心倍增，顶住了敌人的飞机大炮，胜利地完成了反击任务，为整个战斗胜利做出了重要贡献。该保卫战共消灭敌人6000余人，有力地支援了主力部队在其他战场上的作战！

沈灶战斗，壮烈牺牲

1947年1月30日，驻东台国民党军队65师的1个营，加上保安大队1000多人，重新占领沈灶，并企图进一步占领小海和西团。

华东野战军第11纵队（原华野7纵），在从海安到阜宁的通榆路沿线鏖战4个月，完成掩护主力部队战略转移山东任务后，则转移到射阳县海边一带休整。1947年1月初，根据陈毅、粟裕的命令，返回苏中坚持敌后斗争。部队返回苏中后，驻台北县（今大丰区）大桥大沟子（今属草庙），这里成为解放战争时期苏中解放区党、政、军领导机关的中心。

11纵队返回苏中后，积极捕捉战机，以争取打几个胜仗，振奋军民坚持对敌斗争的士气。正在这时，传来国民党军队重新占领沈灶的消息，纵队司令员管文蔚和苏中区党委书记陈丕显做出决定，攻打立足未稳的沈灶之敌。兵力部署为91团从北边和西北两个方向进攻，93团由东南方向发动进攻，92团插入沈灶西南部，阻击东台、草堰方向敌人的增援，堵住敌人的退路。

根据作战部署，部队跑步进入阵地，93团3营教导员李宝璋边跑步边对部队进行战斗动员。31日上午，部队完成对敌包围后，旅部下达命令发起进攻。由于敌人进驻沈灶后，已抢先挖好了工事，加之武器好、火力强，我军第一次进攻未能奏效。下午三四点钟，我军又组织了第二次冲锋，仍未打下来，这时，团里传来命令停止进攻，做好准备，等待晚上再发动进攻。

为了加强攻击力量，团部对攻击力量进行了调整，调1营配合3营在东南方向发动攻击，并由3营负责统一指挥。为调整部署，组织火力，选择攻击方向，营长王法要求李宝璋留在指挥所看守电话，做好上下联络工作。但李宝璋坚持要跟营长一道去各连阵地查看，并进行政治动员，于是两人一起离开指挥所。

这时天已经渐黑了，突然飞来一颗流弹，打中李宝璋的腹部，顿时血流不止。当时医院在十多里以外，而且医疗条件很差，难以治疗这种重伤病人。对这个情况李宝璋是了解的，便对营长说："老王，我是不能把这次战斗打胜了，望你们一定把这个战斗打胜。"接着，他把手表摘下来交给营长说："我这只手表是缴获敌人的，比你的好，你留着掌握时间好打仗。"营长安慰他说："你的伤会治好的，还是你戴着到后方养伤。"李宝璋则说："你打完这仗去看我，能见到就还给我，如见不到就做个永久纪念吧！"

李宝璋被包扎送去医院后，部队投入紧张的夜战准备。根据上级命令，又向敌发起进攻，战斗异常激烈，虽然没有把沈灶打下来，但敌人被打怕了。这时敌人的援兵来接应，上级发现敌人有逃跑企图，便命令部队加紧进攻，我军从外围突破据点，消灭了一部分敌人。敌人又向东台、草堰方向逃跑，部队立即紧追上去，加上92团从敌人后面阻击，又消灭一大批敌人，终于取得了战斗的胜利。

沈灶战斗是11纵队返回苏中的第一仗，该战斗（包括吴家桥阻击战）计歼灭、俘虏、瓦解敌正规军近400人，加上瓦解的还乡团、保安队、自卫队近1000人，粉碎了敌人重新占领沈灶、小海、西团的阴谋，扩大了解放区，打击了敌人嚣张气焰，扭转了斗争形势，增强了军民坚持敌后斗争信心，为以后战斗奠定了胜利基础。

在胜利的欢呼声中传来李宝璋牺牲的噩耗，全营官兵都沉入无限悲痛之中，无法抑制悲痛的营长王法更是痛哭流涕、泣不成声。大家纷纷表示，要以更大的胜利告慰英灵，告慰教导员。

李宝璋同志永垂不朽！

（本文摘自中共党史出版社2014年8月出版的《新四军与大丰》）

那颗划破天空的流星

◇ 葛海燕

受托

1988年7月底，北京培训接近尾声，大丰党史办陈海云去拜访前辈宗瑛。

耄耋之年的宗瑛坐在轮椅上，刚刚中风的她，行动不便，思维依然敏捷。临别之际，宗瑛问："你知不知道，1941年2月，在你们那里，牺牲了一位著名的烈士，《黄桥烧饼歌》的作者李增援？"陈海云回答说不知道，宗瑛叮嘱道："一定要把他的事迹查清楚啊！"

李增援是生病转移到西团镇救治的，宗瑛是当时医院的指导员，李增援到西团第二天后，就壮烈牺牲。除了知道他是《黄桥烧饼歌》的词作者，宗瑛也说不出更多的情况。了解李增援的事迹，还原他的烈士身份，完成前辈的嘱托，成了陈海云萦绕于心的课题。

溯源

陈海云首先想找的是《黄桥烧饼歌》的曲作者章枚。第一次上门，章枚外出不在家。得知陈海云了解李增援事迹，回家后的章枚立即给陈海云回信，还提供了李增援同在战地服务团的战友的地址，由此滚雪球似的，李增援昔日的战友们回忆起他在战地服务团的情况。可是，对于他在参军前的情况，除了知道他是山东莱芜人以外，别的都一无所知。

千里之外

陈海云来到了山东省民政厅，用3天时间在20多万个烈士名册中查找，就是没有李增援的名字。线索中断。

陈海云回头再找战地服务团的战友，他们回忆起，李增援是南京"国立戏剧专科学校"毕业的，杨帆是他的老师。陈海云又辗转找到了已经双目失明的杨帆。从杨帆这里了解到，李增援进南京剧专之前，就读于上海美术专科学校。杨帆还把李增援在南京剧专的同学的联系方式交给陈海云。由此，陈海云掌握了李增援在南京剧专的情况。

陈海云又返回到南京，在中国第二历史档案馆浩如烟海的资料中，查到了李增援在上海美专1935年的毕业纪念册，由此查到了李增援的照片、论文和代表作，查到了李增援的籍贯：山东省莱芜县水北区（今山东省济南市莱芜区寨里镇太平街村）。

故园

在这里，陈海云找到了李增援的家，找到了李增援的弟媳、侄子、侄孙等一大家亲人，以及他的小学同学。传言他去了台湾，从此失联。

陈海云来了，家人才知半个多世纪音信全无的李增援，竟然在1941年就壮烈牺牲，是一名了不起的英雄。一时间，家人百感交集，抱头痛哭。

1995年初，陈海云拿着江苏省人民政府颁发的革命烈士证书，再次来到李增援的家，家人们感激万分。

寻找李增援，陈海云从1988年7月，到1994年底，历时6年多，行程数万里，写书信500多封，尘封半个多世纪的烈士英名，终于被铭记，永垂青史。

少年的他

李增援1913年6月29日出生在山东省莱芜县寨里镇太平街村，他的爷爷是乡绅，家境富裕。他的父亲在十里八乡德高望重，兼管家族族产。他出生后，父亲经营的小煤窑倒闭，家境日渐衰落。

李增援天资聪颖，考取了当地最好的莱芜一中，因为交不起学费，一年后退学。后又考取了曲阜山东省立第二师范学校（简称"曲阜二师"），并参加了毕业会演《子见南子》，反响热烈。

生而无臭

后来，李增援考取了北平华北大学，一年后又是因为学费问题辍学。之后，他转学到上海美专学习。毕业答辩时，他撰写了论文《艺术与文化建设之杂话》，一人对答10位教授，是学校最优秀的毕业生。他在毕业纪念册上留下了"生而无臭，死而无闻，如斯而已"的留言。

1935年10月，他考取了国立南京剧专，因为乡音太浓，他由表演专业转向舞台设计专业，选修了导演专业。老师杨帆介绍他加入了南京学生抗日救国会。在读期间他带领同学走上街头，表演《放下你的鞭子》，积极宣传抗日。

投笔从戎以笔为枪

1937年，李增援从南京剧专毕业后，先是跟随老师来到武汉，继续宣传抗日。他创作了街头剧《盲哑恨》，写的是一位盲人老者背井离乡、流离失所，带着幼女和哑巴儿子在街头演出，遭受各种欺凌的故事。亡国之恨激起群众强烈的爱国心，这个剧目很快传遍全国各地。

这年底，李增援在汉口参加了正在筹建中的新四军，后担任战地服务团戏剧组组长。他集编剧、导演、演员于一身，还会舞台装置、道具设计，是一个不可多得的戏剧全才。他悉心指导剧团里的每一位团员。这些团员都是刚出校门的进步青年，李增援因材施教，这些表演小白迅速成长起来。他们成功地演出了《放下你的鞭子》《阿Q正传》《一年间》《魔窟》等名剧。

他编剧的《一家人》，是战地剧团自创的第一个剧目，演出很成功。他创作的《繁昌之战》，在1939年农历春节首场演出，后又慰问部队和老百姓，短时间内，观众就达五六万人次，军旅中都传唱着李增援的名字。他还鼓励剧团里的其他同志创作，王于耕（叶飞同志的夫人）在他的引导下，创作了《母亲》。自此，好作品不断涌现。

1939年春，周恩来到皖南新四军军部视察，看了《繁昌之战》《母亲》《人财两空》《春秋曲》等剧目后，高度肯定了战地剧团的编导和演出水平。

战地飞歌响彻云霄

1940年夏，敌人对新四军黄桥根据地实行经济封锁。新四军苏北指挥部第二纵队司令员王必成组织并带领"勇敢队"冲锋陷阵，经过激烈的拉锯战，终于取得了歼灭顽军1000多人的重大胜利。李增援听到"勇敢队"的英勇事迹后，非常感动，满怀激情地写下了《勇敢队》的歌词，由章枚谱曲。《勇敢队》激昂优美，广为传唱，令人百听不厌，成为战地服务团的长期保留节目。

时任国民党江苏省主席的韩德勤调集大军进攻黄桥，新四军在陈毅、粟裕的指挥下进行了黄桥保卫战。当地群众支前参战，60多家烧饼店自发地日夜不停做烧饼，用80多辆手推车，冒着敌人的硝烟炮火，将烧饼送上阵地，新四军战士们吃饱肚子更加奋勇战斗。

那天早晨，李增援和战友们到小饭店吃早饭，见群众如火如荼的拥军支前热潮，心潮澎湃，拿起一块烧饼随口念道："黄桥烧饼黄又黄，黄桥烧饼慰劳忙。"林琳、王于耕赶忙接上去说："烧饼要用热火烤，军队要靠老百姓帮。"

大家你一言我一语，李增援回到驻地，立刻记录下来，稍加润色，写成共6小段交到章枚手里谱曲。《黄桥烧饼歌》由此诞生。它一咏三叹，以民歌的形式，歌颂了军民之间的鱼水深情。陈毅元帅和粟裕将军都喜欢这首歌，唱过许多次。《黄桥烧饼歌》和《勇敢队》后被载入《抗日战争歌曲集》和中国音乐史册，电影《黄桥决战》将这首歌用作插曲，家喻户晓，广为流传。

1941年元旦之前，战地服务团来到盐城。李增援得知盐城民间有过年挂红灯笼的习惯，从中得到启发，就和司徒扬一起切磋，合作写出了《大红灯》的歌词，沈亚威进行了谱曲，交给战地服务团排练。新年晚会在露天大舞台举行，数万军民前往观看。第一个节目就是《大红灯》，其欢快的唱词是："太阳出来遍地银，过了寒冬又是春，年年遭劫年年乱，今年家家喜盈门。军民合作一条心，快快活活过新年。你打锣，我敲鼓，大家来唱新年歌，你我笑呵呵。大红灯，红又红……"

歌声中，工、农、商、学、兵各界代表一起上场，每人手里都提着一盏红灯笼，歌声灯影，喜气洋洋，其乐融融，把抗日军民的爱国激情推向了高潮。40年后，《大红灯》依然在盐阜大地上广泛传唱，彰显了优秀作品的巨大生命力和艺术感染力。

舍身救友以身殉国

在艰苦军旅生活中长期创作，李增援积劳成疾，患上了肺结核，常常口吐鲜血，被送往新四军一师后方医院治疗。

1941年2月，粟裕率一师主力向西进军，行动不便的伤病员疏散到偏僻的农村。师医院20日连夜乘船，从东台城紧急转移到台北县的西团镇，重伤员在西团北部的龙王庙，李增援和轻伤员在东团的董家祠堂。

23日下午，驻兴化的日军得到汉奸的情报，出动3艘汽艇偷袭西团。

李增援和病友唐克都有防身手枪，他俩完全可以带领轻伤员分散躲藏。但是他俩没有。在送走轻伤员后，他俩主动向敌人开枪，吸引敌人的火力，掩护北面龙王庙的重伤员转移。敌人闻声而来，李增援和唐克等5位同志与敌人展开殊死搏斗。子弹打完后，他们陷入重围，唐克开枪自尽，李增援被鬼子刺刀挑死，其他同志在敌人机枪的疯狂扫射下，全部壮烈牺牲。

因为李增援他们的及时掩护，重伤员和其他伤员大多数得到转移，但仍有十多名新四军重伤员未来得及撤退，被返回西团的日军抓获，日军残忍地将

10多名伤员浇上汽油烧死。李增援牺牲时，他们刚到西团还不到一天，当地人谁也不知道这5位烈士的名字，就将他们安葬在西团东郊的乱坟场。1958年平坟，当地人又将这5位烈士的遗骨分别装在5个罐子里，迁葬在东团烈士公墓。2003年，李增援烈士墓迁至西团镇众心村西团镇烈士陵园集中安葬，供广大人民群众凭吊。

"天丧颜回"师友皆悲

李增援与唐克牺牲的消息传来，新四军一师的官兵悲恸万分。师首长获悉烈士的遗体已被妥善安葬，就没有派人去查询，这在战争环境下是很正常的事。战地服务团得知噩耗时已是3月中旬了，全团上下无比悲痛，便在驻地海安角斜附近举行了隆重的追悼会，师长粟裕参加了追悼会。

李增援牺牲的消息传到母校，国立南京剧专在1943年11月为李增援等6名为国捐躯的校友开了追悼会，校长余上沅挥泪题了"天丧颜回"挽联，以表悼念之情。

战时特殊，谁也没有把这个噩耗通知到李增援的家里人，至此天人两隔，失联半世纪。

历史没有忘记李增援，百姓没有忘记李增援。他的名字，如同《黄桥烧饼歌》一样，将被人们世代相传。

作于2024年6月5日

人民大众青年艺术家李增援

◇ 陈海云

李增援，1935年毕业于上海美术专科学校，在毕业论文《艺术与文化建设之杂话》中讲："大众化之艺术，实文化建设优良工具之一也。"从此，他为实现艺术大众化而奋斗，一腔热血歌颂了无产者、农民、市民、伤兵、难民等社会基层民众。

艺术家的成长历程

李增援在孩童时就显示出艺术天赋。小学时，他常带领同学玩捉小鸡等游戏，利用学习业余时间画画、剪纸、练书法、学习唱京剧、拉二胡。他兴趣广泛，十分出众，长辈们都说他长大后一定会有出息。

李增援出生于军阀混战的半殖民地半封建的旧社会，人民生活在苦难中，有识之士都在为求中华民族的振兴而奔走呼吁，他长于五四运动后的社会大变革中，深受五四反帝反封建新文化运动的洗礼。14岁时，父亲替他找了一个比他大4岁的姑娘做妻子，他坚决不从，新婚之夜没有回家。由于上学要靠家中经济上支持，他只好维持着有名无实的夫妻关系。1928年，李增援考取山东省立第二师范学校。该校在五四运动后，反帝反封建活动十分活跃，他积极参加党组织领导的《子见南子》话剧的演出。在新思想大潮中，他进步很快，15岁加入中国共产党，树立了为人民大众利益而刻苦钻研文化艺术的理想信念，为共产主义事业而奋斗的世界观。从师范毕业后，父亲要他报考北平大学或师范类大学，他违背父命，报考了华北大学，学习美术专业。学习不到两年，因家庭经济困难而半途辍学教书。1933年春，他又考入上海美术专科学校，二年级插班学习西洋画。

上海美专是著名画家刘海粟创办的艺术名校。自1931年九一八之后，全国掀起了抗日救亡运动热潮，上海美专同上海其他大学一样，积极投入到抗日救亡运动中。李增援一进校就随进步同学组织美专剧团，积极参加抗日爱国戏剧的演出。他还走上街头张贴宣传画、标语，参加罢工、罢课斗争。李增援所在的西洋画系系主任倪贻德是左联作家，介绍李增援参加了左联活动。鲁迅提倡苏联的木刻艺术，李增援等同学组织成立木刻小组。他对木刻艺术很有研究，发表过木刻作品。该小组同学后来大都参加了中国共产党领导的抗日爱国斗争，或直接参加了新四军、八路军，走上了抗日前线。

1935年10月，李增援从上海美专毕业后，由于他酷爱戏剧文化，又考上了南京国立戏剧专科学校。在校学习期间，李增援同其他进步同学一道，同校董张道藩展开了激烈斗争。一天，学校当局突然对学生宿舍进行搜查，李增援等男生和何德璋等女生主动站出来，向学校提出不得"侵犯人权自由"的抗议，并把检查人员轰出宿舍。为表演爱国抗日戏剧，进步同学组织南京联合剧社到芜湖演出《赵阎王》《放下你的鞭子》，警察凶神恶煞地冲上舞台，强令停演，李增援等同学站出来和警察交涉，到警察局质问，并在报纸上揭露停演真相，迫使警察当局未敢深究。

1936年10月，鲁迅在上海病逝，进步师生冒着风险秘密召开追悼会，一时找不到相片，李增援主动作了鲁迅肖像速写，大家感到很逼真，追悼会顺利进行。

在剧专学习的李增援不但思想上进，业务也很突出。他先后学习了话剧和装置设计两个专业，并选学导演专业。他学习刻苦，文艺细胞得到了充分调动。正如同学所讲，李增援头脑中装满了出众的艺术智慧。他边学习边帮助学校做公演舞台、广告设计。全国第一次美术展览会的布展设计及广告，不少都是他的手笔。1936年，学校去镇江公演的《豆腐歌》就是他和同学在去焦山步行中边走边吟哦成的。《豆腐歌》当晚即被搬上舞台，受到观众的普遍赞许。

艺术家的大众艺术创意

旧中国的戏剧、美术、小说等艺术，宣扬美化的大都是帝王将相，才子佳人，把他们比作是民众的救星，社会前进的推动力，而广大民众则是陪衬，被丑化为愚昧、落后、无知的形象，这完全颠倒了历史。艺术应把人民大众作为主角，歌颂他们，美化他们，把颠倒的历史扭转过来。李增援在上海美专的毕业论文《艺术与文化建设之杂话》中批评了十教授的文化宣言，指出《宣言》讲的只是"方法"和"态度"，并未触及问题的中心，也并未提出"具体原则与方案"。他指出对中国旧有文化"不知存精去渣"；对外来洋文化"只知模仿皮毛，不求深造"。并针对中国画、西洋画、电影、音乐等文化领域存在的多种弊端，呼吁"凡属艺人"不能对此"置若罔闻"，应"速谋改善创造之意"。"改善创造之意"又在哪儿呢？他的回答是"大众化之艺术，实文化建设之优良工具之一也"。也就是说"改善创造之意"就是"大众化之艺术"。1937年夏，他从剧专毕业后，真正走上了大众化艺术创意之路。

要走大众艺术之路，首先应当急人民群众所急、想人民群众所想。只有亲自投入到人民群众的火热斗争中，才能体验到人民群众所想所做的事和他们的思想感情，集中民众的智慧，创作出真正代表民众思想感情的先进人物，同时批判脱离大方向，逆社会潮流而动的社会渣滓，使人们分清善恶，回归主流民意，推动社会向前发展。李增援于1937年6月从南京戏剧专科学校毕业，这是他艺术人生的新开端。当时全国抗日救亡运动风起云涌，正是全面抗战爆发前夜，他和进步同学随老师来到武汉这个抗日救亡群英集聚之地，投入宣传抗日的洪流中。半年时间，他在日夜繁忙的《保卫卢沟桥》的演出中，写出了《转变》《到前线去》《盲哑恨》等宣传剧。这3个剧本，《转变》和《到前线去》被收入在吴名1938年5月编的抗日《宣传剧》中，《盲哑恨》被刊载在著名导演、戏剧作家马彦祥1938年春编的《最佳独幕剧选》和《最佳抗日剧选》中。这3篇剧作都是以社会基层的家庭为背景创作的，写的是发生在普通老百姓身边的人和事，以家庭中常见的矛盾、斗争转化为载体，引出普通民众爱国抗日这个中心主题，以先进人物的思想、行动启迪大家的觉悟，促使更多人走上爱国抗日的道路，从而战胜邪恶的日本侵略者，使中华民族走上复兴之路。

《转变》写的是一个农村吝啬的财主，把钱放在家里以作儿女结婚之用，一分钱也不肯捐献给国家。日本鬼子来扫荡，他的女儿坚决主张捐钱抗日并勇敢地与带枪的日本鬼子搏斗，最终被打伤倒在地上，两个日本鬼子乘机抢去钱箱及财物，真是人财俱损。正当财主在悔恨之时，游击队在敌人回去的路上设伏，将这两个鬼子打死，缴获了枪支，还夺回了财主被抢之钱物，并将钱物如数送回。悔恨交加的财主喜从天降，这使他认识到只有打走日本鬼子才能保住家，保住财物，因此他决定将游击队送回的钱全部捐给国家。这就发生了财主从吝啬到慷慨捐钱的转变。

《到前线去》写的是一个战场附近的农民家来了一个不肯住院，而然坚持到前线去杀日本鬼子的伤兵，通过一家4口人对伤兵的不同态度，写出家庭的矛盾与冲突。母亲和小三坚持抗日，不用日货，保护伤兵；而儿子则投敌当了汉奸，替敌方搜集战场情报，并要杀害抗敌伤兵。母亲和小三则掩护伤兵，帮助游击队抓汉奸儿子。这出戏宣扬了全民族抗日的主流民意，同时揭露了儿子当汉奸的罪恶和身败名裂的可耻下场。

《盲哑恨》写的是平津沦陷后，一户天津难民家破人亡，而父亲盲人老汉带着哑巴儿子、跛脚女儿在逃难流浪中，遇到了从沈阳逃难出来的张三、李四和醉汉等，通过相互诉说自身经历与当流浪者的苦难，认识到要想不再逃难流浪，就要大家团结起来抗日，做到有钱的出钱，有力的出力，能捐钱的捐钱，能当兵的当兵，全民一心抗战到底，把日本鬼子统统赶出中国。最后大家一起发誓，决不让日本的小黄旗插在中国土地上，插在沦陷区的每户门前。

李增援参加新四军后，由他个人及合作编写的剧本有《不要打孩子》《一家人》《人财两空》《繁昌之战》《红鼻子参军》等。目前新发现的《不要打孩子》刊载在田汉、洪深、马彦祥合编的《抗战戏剧》第二卷第二、三期合刊上，

《一家人》刊载在胡风于1938年5月编的《七月》杂志上。

《不要打孩子》写的是南京沦陷后，有15万难民靠外国人办的难民营救济过生活。由于日本人的封锁，难民营也难以买到粮食，常常是吃了上顿无下顿。一小孩因饥饿难忍啼哭，父亲因此打他，吵醒了一个正在做美梦的难民，他说梦见自己参加了游击队，在袭击日军中，缴获了敌人丢下的食品，正把食品分发给饥民时，被小孩的哭声吵醒了。他悔恨当初未参加打鬼子的游击队，致使今日沦为难民。听了他的故事，大家议论纷纷，认为饥饿是日本人造成的，要打就打日本人。大家决心投奔游击队，上战场杀敌，不再过这忍饥挨饿的难民生活。

《一家人》是在《到前线去》剧本的基础上改编的，而《到前线去》则是在《汉奸与伤兵》剧本的基础上改编的。《一家人》以大义灭亲除汉奸为主线，突出了人民群众抗敌的情节。这出戏在南昌军部演出后，李增援这个能编、能导、能演，又会舞台设计的艺术全才自此闻名。由于《一家人》反映的是人民生活中常见的事，受到了人民群众和部队指战员的热烈欢迎。

《繁昌之战》是李增援与吴强、王于明3人合作编写的。从1940年元旦开始多次在部队和群众中演出，观众达五六万人，轰动一时，获得了地方与部队的赞扬。新四军政治部主任在座谈会上就《繁昌之战》的创作与演出作了总结讲话，肯定了创作的大方向和演出获得的成功，同时也指出作者与演出存在战场经验不足的问题。

1940年夏，新四军从苏南到苏北后开创了农村革命根据地，李增援时任苏北指挥部剧团主任，他深入农村进行宣传与发动群众工作，体验民情，利用农村民谣和小调，创作了深受部队和群众欢迎的广场小歌剧《红鼻子参军》。这部广场剧主题突出，生动活泼，语言幽默，是李增援的戏剧代表作。戏中的红鼻子和张大嘴都想参加新四军，而他们妻子的态度却截然相反，红嫂子深明大义，积极支持丈夫参军，而张嫂子则处处阻挠丈夫当兵。通过矛盾的展开与转化，红鼻子和张大嘴都如愿参加了新四军。无论是在部队还是地方，该戏久演不衰，是服务团的保留剧目。戏中4个主人翁都是农村的普通老百姓，讲的人和事并不是好得出奇或坏得出奇，那好得出奇与坏得出奇的人大多是作者杜撰出来的，脱离群众，只能满足少数人心灵上的消遣，因而不会受到广大民众发自内心的欢迎。

李增援创作的歌主要有《豆腐歌》《勇敢队》《黄桥烧饼歌》《大红灯》等。《豆腐歌》是于1936年在镇江创作的，他的同学余师龙讲："李增援头脑'满装着出众的聪明'，他创作的《豆腐歌》就是我们在去镇江旅行赴焦山的步行中，像曹植《七步诗》那样吟咏出来的。"遗憾的是，这首歌至今还未查到。

《勇敢队》是一首气势磅礴的革命胜利赞歌，语言生动，节奏明快，层次分明，情景交融，词曲都很优秀，广大指战员和革命群众百听不厌。从新四军唱到八路军，从华中唱到华北根据地，再唱到全国各地，很多指战员就是唱着这首歌冲向战场英勇杀敌的。

1940年10月初，国民党顽固派韩德勤指挥3.5万人，围攻由陈毅、粟裕指挥的，只有7000人的新四军苏北指挥部部队，战斗异常紧张与激烈，战地服务团深入前线做宣传鼓动和战场救护工作，亲眼看到黄桥民众冒着敌人的炮火将一箩一筐、一袋袋的黄桥烧饼送到前线慰劳部队，李增援深深地被此情此景所感动，满怀激情地写下了《黄桥烧饼歌》的歌词。这首歌唱遍了整个苏南、苏北，从部队唱到地方，从解放前唱到解放后，大人小孩都会唱。《黄桥烧饼歌》最终被载入《抗日战争歌曲集》和中国革命音乐史中，是军民都爱唱的、剧情生动的新型革命民歌。

1940年11月23日，新四军、八路军华中指挥部从海安移驻盐城，带来了革命的新气象，部队和广大民众都喜气洋洋地迎接新年元旦的到来。为召开元旦军民联欢晚会做准备，李增援深入民众中，了解到盐城过年有挂红灯的习俗，这激发了他的灵感，他便和司徒扬一起切磋，创作了《大红灯》歌词，由沈亚威谱曲。元旦当天，《大红灯》在指挥部大礼堂演出，随着激越而优美的乐曲，工农商学兵和妇女、儿童数十人手提红灯，一起走上舞台，边唱边舞动红灯，灯光闪耀，满台红灯满台歌，充分表现了各阶层人士内心的喜悦之情，表明了人民群众支援新四军、八路军指战员打胜仗的坚强决心，展示了全面抗战光辉灿烂的胜利情景，给予军民极大的振奋与鼓舞。这首优美动听的歌曲一直流行至今，充分显示了这首歌的艺术感染力和强大的生命力！

李增援对大众化艺术孜孜不倦的追求反映在他每篇著作的字里行间。他从剧专毕业后，正是日本帝国主义加紧侵略中国，全国各族民众处于生死存亡的危急时刻，他怀着满腔热血走上抗日前线，投入到用笔杆子同敌人战斗的行列。他把大众化抗日文艺作为优良工具，把发生在人民群众身边的事进行提炼、加工，用艺术手法表现出来，以唤起民众团结起来，同强敌作殊死搏斗，最终将日本侵略者赶出中国。这完全符合抗日文艺的制作大方向，又反映了民意。戏中用的都是朴素的语言，老百姓看了、听了倍感亲切，每场演出都能得到人民群众的拥护。当《盲哑恨》演到难民的悲惨情景时，观众从内心发出"打倒日本帝国主义！不当亡国奴！"的口号。当《红鼻子参军》演出时，青年农民被真情实意所感动，真的丢下锄头就去报名参加新四军，扛起枪就上前线打鬼子，做到了坚决不当亡国奴。

李增援为大众文艺一直奋斗到英勇献身，他的一生虽然短暂，但却波澜壮阔、光彩照人，是我党、我军中一颗耀眼的文艺之星。

（本文摘自中共党史出版社2014年8月出版的《新四军与大丰》）

他心中只有人民

◇ 邹迎曦

这里要说的是一个"县委书记专业户"的故事，他就是大丰南阳农村土生土长的工农干部徐亚辉同志。

徐亚辉出生于1925年农历十月十四，少时家境贫寒，只勉强上了个小学。新四军东进到了南阳，他是最先接受新思想教育的人。不久，南阳成立抗日民主政府，他刚满18岁，经民主选举当了第一任村长，还兼任民兵中队长。第二年（1944年11月30日）加入中国共产党。1945年5月10日，实行新乡制，他以全票当选为乡长。9月，他荣任党支部书记。1946年1月他担任垦南区宣传、组织科长，半年后又调任《台北大众》战地记者，跟踪报道过盐南等战役的战况。1947年到1949年初，他历任垦北区宣传科长、副区长、区长、区委书记。1949年3月，他调到台北县委宣传部工作，任副部长、县委委员。1952年10月，他担任大丰县委副书记、兼宣传部部长。1955年5月，任大丰县委书记。

徐亚辉从1952年任大丰（台北县于1951年7月改称大丰县）县委副书记开始到1982年卸任响水县委书记为止，先后在江苏、贵州两省的大丰、独山、贵定、响水四县任县委书记30年（大丰12年、独山9年、贵定4年、响水5年），成了名副其实的"县委书记专业户"。

职务升降，不计得失，不推责任，勇挑重担

徐亚辉同志，从1952年10月担任大丰县委副书记以来，各项工作都干得非常出色。但是，1957年10月，江苏省委突然将省农工部副厅级处长毛育人下派到大丰任县委第一书记，徐亚辉转任第二书记。这个消息传出后，全县干群

都为亚辉书记抱不平。可是，徐亚辉却认为上级派人来当一把手，是对他的莫大关怀。他说自己文化基础差，对新时期的新任务认识不足，理解不深，不能与时俱进，担心会影响工作，有碍大局，现在上级派人来了，他打心眼里高兴。所以徐亚辉对组织的决定绝对服从，对职务的升降，没有任何不满情绪，真心诚意地当好二把手，协助一把手工作。

毛育人在大丰任县委书记期间，正是浮夸风盛行的时候，特别表现在多报、谎报粮食产量的问题上。面对这种情况，大丰县委常委一班人，始终坚持实事求是的思想路线，本着对党忠诚、对人民负责的信念，不瞎说、不谎报、不浮夸，如实上报粮食产量。

徐亚辉向毛育人书记亮明自己的观点：我们对人民负责，就是对党负责，坚决不能虚报浮夸产量，不管有多大的压力，都要坚持实事求是，坚持做老实人。他对毛育人说："你是第一书记，我坚决支持你，有什么问题常委集体负责。"毛育人与徐亚辉的意见完全一致，坚决不虚报浮夸，共同抵制浮夸风，保持了共产党人的务实精神。

1961年5月，毛育人调离大丰，盐城地委又将徐植调来大丰任第一书记，徐亚辉任县委书记处书记、县委副书记。徐植任大丰第一书记仅仅一年多时间，于1962年9月又被调回盐城，这时徐亚辉重新担任大丰县委书记。徐亚辉对组织的决定从来不说一个"不"字，他说："职务升是人民的勤务员，降仍然是人民的勤务员，不论担任什么职务，都是革命工作，都应当尽职尽责，全心全意为人民服务。"他是这样说的，更是这样做的。

徐植在大丰任县委书记期间，与徐亚辉两人团结得像一个人似的。当时正处在三年困难时期，带领百姓战胜困难，发展生产，成了县委的首要任务。正是因为徐亚辉和徐植相互信任、相互配合，团结县委领导班子，才战胜了三年困难时期的重重困难。

一名党的领导干部在群众中既要树立一个好的"口碑"，让人拍手称道；更要树立一个好的"心碑"，使人心悦诚服。这些徐亚辉都做到了。他之所以能如此，正是因为他胸中没有私欲和贪心，有的只是党的利益，人民的利益。

深山支边，非遗传承，德被黔山，风范永存

1963年12月，中央统一调配内地干部赴贵州少数民族地区工作。徐亚辉听从党的召唤，服从组织安排，割舍亲情，将年迈的岳父母和5个年幼的孩子留在大丰，走进贫穷的深山，担任贵州省独山县委书记。

独山县是黔南州的一个大县（原是一个专区的所在地），有23万人口，布依族、苗族等少数民族人口占一半。这里区、公社的干部都是本地人，他们两种语言都能说，但徐亚辉不会少数民族语言，语言不通，工作难以开展。徐亚辉书记下决心拜当地老干部为师，请他们当翻译，一字一句地学。经过三个多月的刻苦学习，他基本上能听懂当地群众的一些简单的语言，在与百姓的交流中，也能说上几句当地的常用语。久而久之，徐亚辉逐步掌握了当地语言，下乡工作或者是蹲点，有时吃住都在群众家中，也能进行语言交流，与当地干群关系越来越融洽。

1967年，独山县全县受灾粮食大减产，群众生活困难。特别是北部的甲定、翁台公社和南部的董岭和黄后公社受灾更为严重。徐亚辉立即组织人员，亲自带队，深入灾区发动群众进行生产自救。

1968年夏天，徐亚辉与粮食局长滕永维、翁奇区副区长黄泽民一行3人，深入灾区调查研究。他们从翁奇出发，翻山越岭，途经桑麻、白鸡坡、蛤蟆井、深沟、甲定等山寨，花了10个多小时，走了70多里山路，走到翁台已是下午5点多了。他们下村寨走访农户，徐亚辉书记都亲自揭开锅盖看锅里煮的什么。看到老百姓吃的全是菜饭或是稀饭，当即与公社同志商量，立即制定紧急补救措施，安排好群众生活和生产自救。

接着去甲定公社调查。翁台到甲定直线距离只有5华里，但是他们早晨从翁台出发，翻山越岭，直到当天晚上10点多才到达甲定，整整走了14个小时。

从公社出门就下山爬坡，一上一下到隔沟相望的芭才寨子，他们一行走了

3小时，晌午后才到达芭才大队。饭后又继续上山，5时许，到了新东大队党支部书记龙万仁家，了解该队群众的生活情况。

当得知该队群众生活也很困难时，徐亚辉坐不住了，一定要在当晚赶到公社去了解情况。龙支书再三劝说，天色太晚，山路难走，可是徐亚辉坚持马上就走。当他们走到"狗爬岩"时，因悬崖陡坡，加上一天只吃了一碗稀饭，大家都没有力气了。徐亚辉更是汗水淋漓，气喘吁吁，走几步就要歇口气。爬到坡顶的甲西寨子了解情况后，又继续翻坡越岭，直到晚上10点多钟，终于到了甲定公社。亚辉书记躺倒在座椅上，累得连一句话都说不动了。

徐亚辉走访了甲定和翁台两个公社后，立即与滕永维等商量，由县里安排18万斤回销粮，着重解决甲定、翁台两个公社群众吃粮困难的问题。并要求干部深入农村基层，把指标分到队，根据每户的具体情况，逐一落实，不搞平均主义，同时强调绝不允许克扣一粒粮食，要把钢用在刀刃上。

1973年4月，徐亚辉从独山县调到贵定县委任第一书记。在贵定工作的4年中，他克服长期习惯性便秘病患，拖着瘦弱的身体，走遍了全县35个公社、198个大队。白天他到田间地头了解生产情况，同群众一起边干活边聊天，还亲自指挥基层干部搞样板田；晚上深入农户家中访贫问苦，促膝谈心，或找基层干部、群众代表开小型座谈会，探讨生产中存在的问题，帮助解决生产和生活中遇到的困难。

徐亚辉在调查中得知，当地有一种"云雾茶"历史上曾经是贡品，于是萌生了发展"云雾茶"增加群众收入的想法，得到了县委常委一班人的赞同。当年就抽调农业技术干部，并筹措少量资金发动群众开山种茶，从原来的几十株"云雾茶"树，发展到20多亩，后来发展到了成百上千亩，满山遍野都是绿油油的茶园。现在"云雾茶"畅销国内外市场，当地群众种茶脱贫致富，过上了幸福美满的生活。

徐亚辉在贵州边远山区工作13年之久，他留给当地人民的精神财富是"务实的工作作风和优秀的做人品德"，正如独山县后任县委书记王代文赠送给他的一句话："德被黔山，风范常存"。

返回盐城，重操旧业；改革脱贫，再显本色

1977年，徐亚辉奉命调回盐城任响水县委书记。当时的响水县是盐城最穷的"三靠县"（吃饭靠粮站，烧饭靠煤炭，用钱靠救济），是所谓"东行百里无人烟，遍地盐蒿难望边"的穷地方。

为了使响水的农业生产得到迅速发展，徐亚辉书记大力推行农村产业结构调整，提倡科学种田。响水传统耕作方法是一年一熟，一般都是单一种植。徐亚辉书记是大丰人，他引进了大丰轮作、间作、套作的耕作模式。但他不是简单的硬行推广，而是先在运河公社新丰大队搞试点，并从海门县请来农业技术人员作具体指导。开辟了一条轮、间、套种的新路子，从而结束了响水单一种植的历史，使农业生产得到迅速发展，农作物产量大幅提高。

从1977年至1982年徐亚辉在响水任职的5年间，响水县全县的粮食总产量增长了近50%，棉花总产量增加1.8倍，油料总产量增加6倍多，人均纯收入增长近1.9倍，人民生活水平有了很大的提高。

徐亚辉十分注意工作方法，从不轻易批评一个人，但也不是无原则的一团和气，当"和事佬"，而是讲原则、讲策略，注意工作方法。对个别同志工作中的失误，他总是寓批评于教育之中，耐心细致地做思想政治工作。

有一年县里召开年终总结大会，七套公社经济发展缓慢，在全县排名最后。几年来，仍然是山河依旧，面貌变化不大，总结中如何点名，徐亚辉很慎重，专门召开常委会讨论如何批评的问题。最后，他在总结大会上，平心静气地讲到七套公社在前进的道路上步子慢了一些，希望他们不要泄气，要努力迎头赶上。虽然是这样轻描淡写地说了一下，但七套公社党委书记杨家鑫当时面红耳赤，会后还发了一顿牢骚。徐亚辉得知后，找他谈话，语重心长地开导他再接再厉努力工作。杨家鑫当即检讨说：我当时太冲动了，今后一定平心静气，努力做好工作。

徐亚辉在响水的几年中，在生活上对自己的要求更是特别严格，不论到哪个公社，明确三菜一汤，一荤两素，多一个也不行。一次，在张集公社吃中饭，公社食堂烧了一只小公鸡、煮了一盘鱼，煎了一碗豆腐，当炊事员又将一碗红烧肉端上桌时，他叫端下去。陪吃的公社书记沈汉清说：已经烧好了，就放在桌上吃吧，徐亚辉坚持要端下去，沈汉清非常尴尬，只好叫炊事员端了下去。他每到一处，吃饭后，总是将早就准备好的半斤粮票、三角钱交给食堂，毫不含糊。他身上专门带一些零钱和零碎粮票，整钱整票怕食堂借口找不开，而逼着拖欠"口食债"。

响水县的干群给了徐亚辉书记一个恰如其分的评价："响水人民的好书记，县委班子的好班长，清正廉洁的好榜样，人民群众的贴心人。"这就是徐亚辉的明亮本色。

这就是一位"县委书记专业户"用忠诚书写的不朽故事！

作于2024年3月10日

烽火年代志士歌

◇ 刘立云

　　很久以前，草庙这个名不见经传的偏远小乡村，因置身于一望无际苍茫的芦苇、草荡之中，又因在草荡的一块空地上建起了一座没有名字的土墙草盖的庙堂，再因其香火颇盛，被当地灶民和过往的渔民称之为"草庙"。至于后来的草庙镇为何声名鹊起，就因为这个地方曾有过一段光辉而难忘的红色历史——在抗日战争和解放战争时期，它是苏中行政公署二分区专署的所在地，也是许多革命志士战斗过的地方。

　　1941年1月，新四军在盐城重建军部，在盐阜地区建立了抗日民主根据地。为了与日、伪、顽开展经济斗争，新四军建立一家自己的银行——江淮银行。这个银行，由新四军财政经济部部长朱毅和副部长李人俊负责着手筹建。同年4月，江淮银行在盐城宣告成立。

　　接下来，就是调配银行的工作人员。军财经部先抽调了陶涛（原名萧如琴）等一批懂得财务知识的人作为银行的中层骨干，同时想方设法与上海的地下党取得联系，请他们在上海物色一些有志于抗日并熟悉银行业务的人，派到苏北根据地来。上海地下党很快就动员了在银行界干了多年的杨森培、宋子嘉、里程等人。他们决心抗日救国，分别来到盐城投入属于自己专业的工作中。尽管如此，人手还是不够，于是又从抗大五分校选拔了一批女学员，还专门为她们举办了一期"财经干部训练班"进行业务培训。就这样，银行的组织机构及人员配备都定了下来。军财经部长朱毅兼任行长，副部长李人俊、骆耕漠兼任副行长。银行内部分设营业部、会计科、秘书科、金库等职能部门，全行共有三四十个工作人员，他们与军财经部的人员编合在一起，同吃、同住，组织生活更是没有分开。

1942年，为了发展抗日根据地的经济，经苏中行政公署批准，建立了江淮银行东台县、台北县等多个县级办事处。当时，台北县办事处，就设在草庙向东约20里地的枯树洋一带（今草庙镇川洋村）。当时的枯树洋荒无人烟，满眼都是没过人头顶的芦苇和茅草，隐蔽性极强。江淮银行台北县办事处的建立，曾一度促进了台北县及周边根据地的经济繁荣。

　　在筹建江淮银行的同时，筹建江淮印钞厂的工作也在紧锣密鼓地开展起来。行长朱毅派人多次赴上海，通过地下党的关系，购买到了印刷钞票的机器、铜版等设备。为了掩敌人的耳目，这些设备化整为零，分多次用船运回。在运输过程中，护送人员时时刻刻冒着生命危险，或者是货物被日军查封的结果。几经转辗，他们终于冲破长江封锁线，再经过多条水路关卡盘查，将印钞设备安全运抵苏北根据地。

　　为安全保密起见，江淮印钞厂的厂址，设在了台北县"大丰垦殖有限公司"的垦区内（今新丰镇鼎丰村一带）。以胡金魁为厂长的江淮印钞厂，在1942年也建成了。

　　江淮银行的牌子亮出来不久，日伪军就分成几路人马向盐城扑来，进行疯狂的大扫荡。根据军部首长指示，朱毅等人作出决定，先把作为银行基金而储存的银圆和黄金，分别装在十几只特制的木箱里，指定专人负责。在武装部队的护卫下，连夜向盐城以东的农村秘密转移，埋在了丁家墩子附近的池塘里。留下一名叫郑强（现名郑瑞英）的女同志，装扮成小学教师，以养病为名，蹲守在一农户家里暗中监视突发情况。江淮银行其余工作人员由朱毅、李人俊等人带领，隐蔽在射阳县盘湾子和台北县三龙一带，一边工作，一边与敌人斗争。他们以熟悉环境的优势巧妙周旋，经常把日寇搞得晕头转向。

　　1944年9月，盐阜地区反扫荡取得重大胜利。中共中央华中局和新四军军部领导，对如何巩固已经开创的华中新局面，而更好地坚持敌后抗日斗争，采取了一系列新的对策，将江淮银行台北办事处并入东台办事处。1945年9月，华中行政区建立华中银行，决定撤销江淮银行。

江淮银行虽然撤销了，而隶属它的江淮印钞厂还存在。因战火不断蔓延，这个厂转移到台北县与东台县之间的海边上，进行流动生产，后来又搬迁到阜宁县羊寨一个叫"红庙"的地方。经过烽火年代的洗礼，印钞厂完全适应了游击战争面对的新环境，继续为华中银行做货币的发行工作，印制各种面值的钞票。

江淮银行存在的时间虽然不长，但以它名义发行的货币，在苏中、盐阜这两个抗日民主根据地广为流通。更重要的是，它为后来共和国的金融战线培养出一批思想、素质、业务都很杰出的专业优秀人才。

说起草庙境内的枯树洋，还要提到一个人，他就是堪称"中国保尔"的吴运铎。20世纪50年代，他的自传体记实小说《把一切献给党》，曾经教育、感动了几代人。

皖南事变突围时，吴运铎身中数弹，流血不止。加上以前测试枪支弹药时留下来的残疾和旧伤，他几乎不能行走。为了不拖累别人，他凭借惊人的毅力，硬是用两条腿从皖南走到了盐城。为此，新的伤口化了脓，成了难以治愈的慢性溃疡。组织上让他赶紧住院治疗，而他却说："前线急需各种武器，有的战士只配发了三五发子弹，还有战士仍在使用大刀长矛，面对这样的情况，我不能躺下休息，哪怕多生产一枚手榴弹和一发子弹，也能多杀几个鬼子呀！"

那时候，前线部队每天都需要大量的武器弹药补充，新四军军部决定成立军工部，并在盐都龙岗的南寺里、盐城西郊、草庙的枯树洋等地，分别建立迫击炮厂、手榴弹厂、军械修理厂等。吴运铎作为一名军火制造专家，马不停蹄地来回奔波在这些工厂之间指导工作。如果遇到技术上的疑难杂症，他总是不分昼夜，不怕困难，不顾自己的生命危险，事必躬亲，以土法上马的办法来克服重重困难，直至按上级要求，保质保量地向前线将士们提供各类枪支弹药。当然，吴运铎在盐阜地区可歌可泣的英勇事迹，还远远不止这些。因本文篇幅关系，不能赘述。笔者建议现在的青年朋友，再重温一下《把一切献给党》这部充满伟大理想和崇高信仰的作品。

在盐阜大地那段艰苦卓绝的峥嵘岁月里，兵工厂曾多次遭到敌机的轰炸，加上频繁的反扫荡斗争，兵工厂隔三差五就要转移一次，兵工生产受到了严重的干扰。新四军军部决定，由新四军军工部部长吴师孟率领盐阜地区兵工厂所有人员，奔赴淮南新四军二师根据地，建立新的兵工厂。从此，吴运铎告别了盐阜大地。他拖着羸弱的身体，却迈着坚定的步伐，从阜宁县的三马庄出发，奔向淮南……

除了金融和军工的光荣历史外，草庙的枯树洋还有一段鲜为人知的红色故事。那就是在战火纷飞之中创办的《台北大众》，即今天《大丰日报》的前身。

据南京大学出版社1993年出版的《江苏革命史词典》记载，《台北大众》是中共台北县委机关报。1946年8月中旬创刊，石印，8开4版，3日刊。县委宣传部长汪子珍、汤池分别担任过社长。周亮刚、杨大德、万正、海笑（原名杨忠），曾先后担任主编。1948年6月，全县进行精减整编，该报停刊。

《台北大众》创刊时，报社设在了大中集，配有5名编辑及工作人员。后因国民党军队北犯解放区，报社转移到人迹罕至的枯树洋和十户灶（今南阳镇沿海村）一带。之后，报社一直处在流动办报状态。该报开始是油印，没隔多久就改为石印，还从《江海导报》调来印刷师傅汤成学和一个叫刘福元的工人。

在办报的岁月里，有一件事让海笑特别难忘。

那是1948年1月中旬，国民党军队从东南方向的海边冲杀过来，他们一路走，一路放火烧草滩，气焰非常嚣张。当时，报社安扎在一户盐民家的草房里，那一期报纸刚上机印刷不久。当耳边听到敌人的枪声越来越近时，刚刚20岁出头的主编海笑却镇定自若，他一边组织人员分发打捆，一边写上投送标签，又一边派人分批送到交通联络站。随后，他们迅速隐藏好印刷设备和相关资料，才从那户盐民家中撤出，抄近路从通商迂回到敌人后面，与国民党军捉了个大迷藏……

海笑始终以一位报人、作家的身份出现在人们面前，他一生勤奋创作，著作等身，代表作有《红红的雨花石》《燃烧的石头城》《江海边上》等文学作品，内容深为广大读者喜爱。他曾经在大丰这片红色的土地上，与许许多多浴血奋战过的革命志士们一样，对革命事业和民族解放坚定不移、忠贞不渝。他们走过的光辉足迹，永远都不会暗淡下去；他们的事迹，就像一座丰碑上的铭文，镌刻了在大丰人民的心中；他们的精神，如同一曲经久不衰的赞歌，世世代代为大丰人民讴歌、吟诵！

作于 2024 年 5 月 12 日

黄克诚将军的廉政故事

◇ 卢群

八路军、新四军在白驹镇胜利会师后，黄克诚担任新四军第三师师长兼政委，率领队伍长期战斗在斗龙河畔。那个时候，贫苦民众只能依靠微不足道的收入艰难度日，日寇的疯狂掠夺和不断骚扰，使得他们的日子雪上加霜。

为了减轻民众的负担，黄克诚专门召开会议，要求大家严格遵守纪律，不拿群众一针一线。并明确规定，干部战士的军服，一律用土布制作，上衣翻领、口袋上的盖子、下面的折边等可有可无的部分全部省略，帽子也不要放衬布，裁剪下来的边角料，用来做鞋子或鞋垫。后勤部长说："黄师长，您和师部领导的服装不能省略，因为你们代表着部队的形象，有时还要同外界人士接触，要注意仪表的哦。"

黄克诚笑道："现在不是讲究的时候，等赶走了日本人，再注重仪表不迟。"后勤部长还想坚持，黄克诚大手一挥："就这么办吧，咱们是革命队伍，要求战士们做到的，干部要身先士卒。"

从此，黄克诚同士兵们一样，穿着没有翻领、没有袋盖、没有折边的土布军服，不相识的人，根本想不到他就是大名鼎鼎的黄克诚！

日本人得知这一情报，以为新四军缺衣少食，战斗力肯定会下降，便采取"清乡"政策，企图摧毁刚刚建立的根据地。黄克诚师长采取灵活机动的战略战术，利用一望无际的芦苇荡以及盐民遗留下来的大大小小的灶台和盐池为掩护，巧妙地同敌人进行周旋。

那段日子，黄师长屋子里的灯光，常常亮到凌晨时分，战事吃紧时他连饭都顾不上吃。炊事员于心不忍，悄悄地买了一只鸡。鸡汤煨好后，担心黄师长不肯接受，就想请通讯员帮忙。谁知通讯员两手直摇："我可不敢，为这样的事，我已被批评过好几回了。"

"那你就眼睁睁地看着黄师长日夜操劳？胆小鬼！"

炊事员鼓起勇气，"咚咚咚"地向黄师长的住所走去。

如豆的灯光下，黄师长还在思考作战方案，看见鸡汤，疑惑地抬起头。炊事员立刻声明："黄师长，这鸡是用您的津贴费买来的，不算搞特殊。"

"不是特殊？那我问你，受伤的战士有鸡汤喝吗？"

"这……"

"给刘大伯送去吧，他的老毛病犯了。"

"黄师长，您要指挥打仗，没有好的身体怎么行"？炊事员急得叫起来。

"放心，我的身体我知道。"

出得门来，见通讯员无奈地摊着双手，炊事员气呼呼地说："照顾不好黄师长，我饶不了你！"

相处久了，当地百姓都知道，黄师长没有官架子，处处为民众着想，是他们的贴心人，遇到时，都亲切地称他"黄老头"，或者称他"咱们的黄师长"。

一次，黄师长的小红马，啃了朱老汉家的杨树皮，黄师长知道后，立刻掏出两元抗币，让通讯员代替他登门道歉。朱老汉不肯接受，举着钞票一直追到师部，拉着黄师长的手说："黄师长，你们为了抗日，连命都不要，马偶尔啃了一块树皮，您却要赔偿，天下哪有这个理？"

黄师长拍着朱老汉的手背解释道："朱大伯，新四军的'三大纪律八项注意'，人人都必须遵守。我的马啃了您的树皮，当然得赔。"

朱老汉说："马又不是人，怎么能算犯错误？这钱我不能收！"言罢，丢下钞票拔腿就跑。

数月后，部队转战别处，村长给朱老汉送来一封信和两块钱。信中写道："朱大伯，新四军纪律严明。我的马啃了你家的杨树皮，按规定应该赔偿。这两块钱赔款，还望你收下。"信的末尾，端端正正地写着"黄克诚"。

捧着黄师长的亲笔信，朱老汉激动极了，不断地念叨着："黄师长，好人啊！"

四十多年后的1982年，黄克诚被选任为中共中央纪律检查委员会第二书记，为党的廉政建设继续发光发热。

（本文刊发于2020年12月《小说月刊》）

抗战时期的大丰女地下党干部

◇ 戴文华

2014年，我参加《大中镇志》编写工作，在写"中共地方组织"这一章时，查阅党史资料，发现在抗日战争时期，大丰有好多女地下党干部，她们冒着生命危险，不怕牺牲，不畏顽敌，或在敌占区做党的秘密工作，或打入敌人内部，为党搜集、传送情报，事迹感人，可歌可泣。

孙锋，1939年参加革命，同年5月入党。开始在苏北特委担任机要工作，后撤销苏北特委，建立苏北区党委，她和戴为然同在区党委青年部工作。1940年10月，建立小海中心区委，由东台城工委副书记戴为然兼任书记，孙锋任宣传科科长。

小海中心区工作范围是当时东台县第九区（即现在的草堰、沈灶、西团、小海、潘丿、大桥、新丰、大中集、南阳等）。1941年4月，小海中心区委撤销，戴为然调到兴化县工作。这时，东台九区以地名划区，党内分别建立小海、垦区、西渣三个区委和西团工委。孙锋任小海区委书记。同年7月，建立中共东台县台北分县委，孙锋任宣传部长。1942年夏秋间，孙锋调二地委敌工部做内勤工作。1943年春，地委派她到垦区做敌伪军工作。这时，她父亲奉命到台北筹建盐垦中学，全家搬到了万丰公司居住，她在万丰小学任教师，以此为掩护做党的地下工作。

1943年春，从部队调来的冯伯华担任台北县敌工部部长，派姜辛耘到伪第二集团独立第一旅旅长谷振之家里当家庭教师，秘密搜集敌人情报。孙锋的工作主要是和姜辛耘联系。

姜辛耘是中共地下党员，是党秘密派到谷匪内部搜集情报的敌工干部，她和孙锋单线联系。姜辛耘以出据点看亲戚为名送情报，一星期或两星期到孙锋家里来一次，把情报送给孙锋。孙锋和上面直接联系的是台北县委敌工部的杨永恒同志，台北县委敌工部副部长叶枫也和孙锋联系。姜辛耘给孙锋送情报的内容是敌人的兵力部署、武力装备、兵力增减情况以及"扫荡"时间。

1943年11月，孙锋撤离垦区到党校学习，离开台北。撤离的原因是我方在大中集还有一个地下党的情报系统，就是大中集敌工组长毕平阶（化名周建业）和他的爱人陈柯（又名陈英），在大中集秘密搜集敌人情报。

毕平阶通过熟人介绍，任蔡锦涛花行职员，以此身份作掩护，搜集敌人情报，其爱人陈柯任河北小学教师，也是地下党。他们的家就在伪旅部的门口，可以随时观察到日伪军的动态。

一次，日军要强奸毕平阶的爱人，陈柯反抗打了日军，伪军因而怀疑陈柯是共产党。日军认为，一个普通女教师是不可能这么厉害的。日伪军随即搜查了她的家，查出了地下党秘密活动有关信件，逮捕了他们，接着又逮捕了打入谷匪内部的地下党杨邦卫、曹文甫、姚麟白，整个地下秘密组织遭到了破坏。出于安全，组织上通知姜辛耘和孙锋立即转移。

抗日战争时期，大丰女地下党干部还有小海中心区委组织科长王敏、台北县委宣传部部长葛容、组织部长何庆、副部长汪子珍，小海区委书记陈斐、垦区区委书记理浔，西渣区委书记张西蕾、副书记陈新、民运科干部姚仲仁，大中集地下党支部书记凌风（又名杨连峰、杨吉莲）和大中小学教员黄宾娴等。

女地下党、革命烈士姚仲仁1922年10月出生于南京一个普通的知识分子家庭。1939年，她的父亲从扬州去福建内地求职，不幸在途中翻车遇难。她自幼跟随祖母生活。1938年她考入南京第一女中学习。1938年底，姚仲仁随舅舅于荫轩到上海就读于迁入上海租界的苏州女子师范。1941年底，姚仲仁由上海地下党介绍，脱下学生装，渡过扬子江，奔赴苏中根据地，被党组织分配到东台地区，做党的秘密工作。

1942年春，为扩大抗日力量，党组织秘密派姚仲仁去扬州，动员亲友中的进步青年参加地下党，不料其大妹已预先奔赴抗日战线投入革命队伍，所以她仅带了女青年符英到东台根据地工作。

1943年春，姚仲仁调至台北县三渣区做民运工作。那时，敌伪盘踞草堰，形势十分紧张，她装扮成农村妇女模样，深入西团据点，侦察敌情，从而更好地领导群众开展反"伪化"斗争。

1944年春，西团伪军撤离，姚仲仁调往西团区黄浦乡任指导员。她迅速发动群众建立健全农抗会、妇抗会组织，扎实开展减租减息运动。

为打入敌伪内部，随时掌握敌情，姚仲仁认地下党朱家宽的母亲朱陈氏为干妈妈，因为朱陈氏与伪乡长陈新之的母亲是邻居又是好朋友，而陈新之又是驻西团伪团长何少章的干儿子。姚仲仁就利用他们之间的关系，做伪乡长陈新之的转化工作，向他讲明政策，要他帮新四军征收公粮，因而陈新之成了"两面派"的乡长。

姚仲仁很注重分化瓦解敌人的工作。1944年8月的一个晚上，姚仲仁组织民兵多人，向七灶据点挺进。她事先做了伪军朱于亮的工作，要他带头投降，为民立功，并约定投降时间、地点。果然到时朱于亮从七灶据点带兵带枪过来了，其中一名班长立即转到束家垛子想逃跑，当即被朱于亮打死在地，这时姚仲仁才相信他是真的投降了，于是立即迎上去，接受降兵11人、长枪10支、手枪1支。

1945年4月16日夜，姚仲仁在黄浦乡西南角陈家墩子参加西部的乡长、指导员会议。夜晚，男同志住在一处，女同志只有她一人，单独住在陈文德家。翌日凌晨，由于叛徒告密，白驹伪军袭击我区政府机关，包围陈家宅。姚仲仁隐蔽在陈家房间里，凶恶的敌人嚎叫："新四军干部快出来，不出来就烧房子！"为了不让群众受害，姚仲仁先将随身公文藏好，后搂着陈家小儿子陈鹤友不慌不忙走出门来。敌人一把抓住她问："你是什么人？""我是她嫂子！"姚仲仁很沉着指着11岁的陈鹤友回答。可是叛徒、伪乡长杨开德认识她就是共产党干部姚仲仁，便得意洋洋地对她说："你不就是共产党的指导员姚仲仁嘛！还装什么腔？"接着像恶狼一样朝她扑来，声嘶力竭地狂叫："还有干部在哪里？快说！"姚仲仁昂首怒目，默不作声。敌人吼得更凶了，"你想不想活？"姚仲仁依然横眉冷对，敌人见硬逼无效，便施软计，装腔作势地说："你说出有功，跟我们到白驹去，吃的穿的，有的是……"这时姚仲仁怒不可遏，破口大骂："你们这些卖国贼，休想得到什么！"敌人恼羞成怒，先用刺刀对着她的胸膛猛戳，后又向她开枪，就这样，年仅23岁的女共产党干部姚仲仁，倒在敌人的枪口下。老百姓成群结队来到她身旁，痛哭送别亲人。姚仲仁血洒黄浦，光照人间，她的英雄事迹永远激励着我们前行！

（本文刊发于2020年6月28日《大丰日报》）

红色土地上的移民英雄顾文达

◇ 仇文倩

20世纪初，实业家张謇看中了大丰这块未开垦的海边滩涂，来此废灶兴垦，创办公司。其时，张謇从家乡南通动员了数千名农民来大丰滩涂种植棉花，由此引发了大丰历史上一次大规模的启（东）海（门）移民潮。

在这次移民大军中有这么一个孩子，他就是后来长眠在大丰这块热土上的英雄——顾文达。

1924年，顾文达的祖父、祖母也被动员来大丰开垦种田，加上他的父母和两个姐姐7口人，跟随移民大军拖家带口一路推着狗头车（独轮车）来到大丰海边开垦种田，他们最终落脚在垦南区的祥丰乡祥东村（今南阳境内的明心村，旧时属通商乡）。

在那个动乱年代，顾文达家中频遇不幸，母亲及两个姐姐先后染病去世，不久后祖父、祖母也相继去世，一家7口人只剩下了他和父亲相依为命。为了能维持家庭生活，照应尚未成年的文达，父亲经人介绍娶了同乡陈氏填房，未曾生育，后抱养了一个穷人家的女儿成了顾文达的妹妹（现居南阳镇明心村）。

文达少年时期，父亲送他去祥丰乡东北匡上小学。小文达懂事，学习勤奋刻苦，少年时已成为当地有名的文化人。他爱好广泛，喜爱美术和音乐，尤爱古典文学，善于钻研，停学在家务农期间也未间断在知识和兴趣的海洋中的索求。日常生活中，周边的移民邻居们时不时地会请他修书往来于启海和大丰间，他总是有求必应，甚得乡邻们喜爱。

1940年秋，家乡建立了抗日民主根据地，当时在民运工作队的杨战和理浔（建国初期任南通妇联主任）两位同志受中共指派来到垦南区开展工作，刚刚20

出头的顾文达被她们所带来的新思想点亮了心中的明灯。受她们的教育启发，文达的视野拓宽了，思想觉悟也提高了，他觉得自己要去为更多人的幸福而奋斗生命才更有价值。文达从此对新四军、共产党有了全新的认识，这样的一群人是他所敬重的，也想让自己成为像他们一样的人。从此，文达变成了一位有信仰的进步青年，除了如饥似渴地学习毛泽东同志有关抗战的论著以外，他还积极奔走在抗日事业之中，立誓要用自己的知识和才智成为一名真正的共产党人。

顾文达的聪明才智在配合杨战、理浔等同志开展的抗日救亡工作中得到了充分展示。根据他的表现，组织上认为应该将他放到更需要他的地方去，让他用这些知识和道理去教育影响更多的人。1944年9月，经施怀芝同志介绍，顾文达来到了石港村小学做了一名小学老师。

顾文达到该校时这里有一至五年级的3个复式班，师生不足百人，教育条件非常简陋，教工没有宿舍，外村的教师只能靠两条腿往返于学校和家中，也有几名教师一起挤在学校附近的村民家中寄宿。

顾文达住在离学校20多里外的垦南区祥东村，每天早出晚归全是步行，碰到阴雨天气更是只能在泥泞不堪的小道上深一脚浅一脚地艰难行走，一路下来全身没一处干的地方。在这样的条件下，顾文达风雨无阻，坚持教学，同时还利用课余的时间投入更多精力组织学生到十多里外的洋岸村、北灶村宣传抗日救国，积极配合我党在垦南区开展的抗日救亡运动。由于他的表现突出，在石港小学工作一年后就被提升为石港小学教导主任。

抗战胜利后，乡村宣传工作的重点转移到宣传土地改革上来。在不断的宣传过程中，顾文达希望能发挥自己所长，和民间一些有艺术特长的人士组成一个班子，利用文艺表演的方式扩大宣传工作的影响力，也更能被乡村百姓所接受。于是他便将自己这个想法与时任垦南区教育科长的章野同志提议，经过策划，他们决定办一个暑期培训班，建一个文工团。在得到上级领导支持和学校方面的认可之后，顾文达很快便组建了一个由15名教师和4名学生组成的石港小学文工团，配合当时针对国民党和还乡团的斗争，做了大量的宣传工作。

经过轰轰烈烈的土改和反奸诉苦运动，广大群众的阶级觉悟有了很大提高。"到前线去，反蒋立功，保家保田保江山"，已成为大丰沿海地区广大群众的响亮口号。青壮年一批又一批地参加解放军，老年人、家庭妇女和少年儿童也积极参与支前活动，可谓是"前线后方一股劲，齐心协力打老蒋。"

在发动群众和参加土地改革运动中，顾文达亲自动手编写了大量以揭露蒋军罪恶、揭露地方恶霸罪行、激发贫下中农阶级仇恨为中心内容的文艺节目，小小文工团的足迹走遍川港区的每个乡村角落，用生动形象的文艺表演形式与演讲宣传进行有机配合。乡民们通过这些文艺节目明白革命战争和土地改革的必要性和重要性，为支援前线起到了很好的宣传鼓动作用。

演出期间，顾文达和文工团的队员们靠着自己的双脚走遍各村，甚至各种道具、行李也都靠他们自己人挑肩扛。每逢这时，顾文达总是能表现出一个男子汉勇于担当的精神，抢着与队友们分担任务，勇挑重担。每到一处他先将队友们的食宿安排好，自己睡课桌，事事为别人着想，处处为他人分忧。他的精神感动着每一名队友，赢得了队友们的信任和领导的好评。

在文工团巡回演出宣传期间，顾文达主动担任起编剧和导演的重任，采用多种不同的表演形式宣传发动群众，有的吹笛、拉二胡，有的演小品和相声，还编一些短小的剧目，所有这些都是适合当地百姓口味的，是他们所喜闻乐见的。至于舞台布置和服装更是人人动手、个个参与，既当演员又做服务员。走到哪里，他们就宣传到哪里，有时深夜演完戏，还要写革命标语、墙头诗等。

文工团的宣传内容做到大众化、地方化、通俗化、现代化。当时根据地的头等任务是发动群众，团结一切可以团结的力量。文工团围绕这个中心任务，结合实际编写剧本。在党的正确领导下，广大农民团结起来与地主进行斗争，迫使地主低头认罪、执行减租减息，使农民更加积极地发展生产，支援前线。

通过各种形式的宣传活动不仅教育影响了群众，同时也影响了顾文达自己。1946年夏，蒋介石撕毁《双十协定》，发动全面内战，烽烟再起，党中央号召全国解放区军民紧急动员起来，自卫还击。

7月，苏中战役即将打响，根据战争形势和前线需要，顾文达所在的乡开始动员各村的青壮年劳力去支前，经过一段紧张细致的思想发动工作，很快组织起一支300多人的滨海区民工团，正积极向党组织靠拢的顾文达被上级任命为滨海区民工团第四中队政治教导员。接着，他们便开展了支前物资筹备、行军、防空及抢救伤员等基本训练。

滨海区民工团下设中队、分队和小队，大队长由石港乡农会会长常连淦担任。他将支前中队分为几个小队，每个小队有5副担架，每副担架安排5个民工。经过编队和短暂训练，各方面的准备工作基本就绪。在此期间，各小队都开展了表决心、挑应战等活动，大家热情高涨。同志们响亮地喊出"保家乡，保江山，打不倒老蒋心不甘""谁英雄，谁好汉，支前当中比比看"等口号。

支前队伍出发时正逢盛夏时节，几乎所有乡亲都在他们必经的路旁为他们送行，场面十分感人。此时的顾文达经家人介绍已有了对象，这位陈姓姑娘知道文达要开往苏中地区去参加支前，特地从20多里外的祥东村赶过来为他送行。这对相约年底举办婚礼的年轻人四目相对，泪水中透着不舍，目光中流露着坚强，但陈姑娘怎么也不会想到自己的未婚夫此去竟是与她阴阳永隔。

苏中战役历时一个多月，在长江沿线我军与国民党五个整编师进行周旋，集中主力打其一部，经过七次大规模的战斗，有效歼灭了敌人的有生力量。这几仗所歼灭的敌人人数比参战部队的人数还要多，成为中外战史上经典的以少胜多战例。

战争之激烈，不到前线的人是感受不到的。顾文达和支前民工们在战火中尾随部队，以最快的速度把伤员从火线上一批又一批地转移下来，再以最快速度将他们送往后方医院。他们与参战的战士一样经受着战火的锤炼，在战场上面临着生与死的考验。顾文达先后跟着参战部队一路辗转，至9月中旬完成支前任务，他所负责的四中队在整个战役中从前线抢救伤员数百人，受到了上级的表彰。

1946年9月17日，顾文达带领支前民工踏上了回家的归途。他们从黄桥出发，第二天上午行至海安境内的李家堡，接近晌午时分，顾文达所带领的四中队几十名民工在丁家所公路旁休息。9月的秋阳依旧是那么的火辣，走了几个小时的路程大家都已疲惫不堪，他们各自找了一处荫凉地坐下休息，或点上一袋旱烟，或吃一点干粮、喝点水，有的依在树荫下闭目养神，还有几个顺着丁家所公路转悠，与路边的瓜农讨价还价。谁也没有注意到从南边的天空飞来几架敌机，说话间已飞到他们的头顶。敌机见下面公路上有人，便投下几枚炸弹，然后又飞走了。

幸好民工们都没被炸弹伤着，以为敌机已走，便又三三两两四处转悠。谁承想，只一会儿工夫，刚飞走的飞机转了一个大圈又飞了回来，降下高度，顺着公路用高射机枪朝着人群扫射。刚刚经历过生死的民工们被这突如其来的阵势吓蒙了，在公路上四处逃散。

原本待在路边树荫下的顾文达见此危急情况，不顾头顶上几架敌机的轮回扫射，飞奔上公路，一边大喊一边将正在乱奔的民工拖进路边的树下。最后一架敌机向下俯冲时，还有一名民工在路上惊慌失措地乱跑，顾文达再次扑上去。队长常连淦也在路上拉着一位民工往路边跑，正与冲上路的顾文达相遇，便合力将最后一名民工拉住。

正在这时，一颗高射机枪子弹正中顾文达的头顶，他瞬间倒地，常连淦见势拉着民工倒在一边躲开了一排扫射的子弹。

敌机完成了两个轮回的攻击后便再次消失在天空向北飞去，常连淦回过头来抱起中弹的顾文达，只见他的头部满是鲜血，像泉水一样涌出，浑身被血染红了，白色的衬衫已被他的鲜血浸透。他一边用毛巾拼命捂住文达的伤口，一边哭喊起来："你不能走啊，你的未婚妻还在家等你呢，你走了，你老父亲一个人怎么活啊，我们一起出来的，你怎么不跟我们一起回家啊……"

所有的民工听到常连淦的哭喊都陆续从路边的掩体后面跑向路中央，大家都被眼前的惨景惊呆了，谁都不敢相信眼前的事实……

午后，民工队伍再次踏上了归途，他们轮流用担架抬着英雄的遗体，一路喊着："文达，我们带你回家啦。"

行至东台的三仓，民工们凑了些钱为顾文达买了副棺材，又为他置办了一身新衣，将英雄的遗体收敛，维护了英雄最后的尊严。一路上大家轮流抬棺。第二天下午经过石港小学，村民们听到了顾文达因舍己救人而献身的消息后倍感震惊，纷纷来到路边，为英雄送行。

顾文达的遗体安葬在他所居住的祥东村，当地百姓瞻仰英雄遗容，聆听英雄奋不顾身救人的壮举，无不失声痛哭。顾文达的未婚妻伤心欲绝、抚棺痛泣，年迈的父亲更是为他的牺牲而痛彻心扉、老泪纵横。

为表彰顾文达为革命事业而献身的精神，中共台北县委追认顾文达为革命烈士、中共党员，并将他生前工作过的石港小学命名为文达小学。后因学校撤并，区划调整时石港村与陡沟村合并，万盈镇人民政府为尊重和缅怀革命先烈，以烈士的名字将顾文达工作过的地方命名为"文达村"。2018年，文达村还专门修建了文达公园，作为教育子孙后代的红色教育基地，以永久纪念顾文达烈士。

烈士牺牲在万盈境内，在这片红色的热土上，涌现出无数个像顾文达一样的英雄人物。在抗日战争、解放战争、抗美援朝以及在社会主义建设过程中牺牲在万盈这片红色土地上的就有185位知名烈士，他们永远长眠在这片土地上。万盈人民也从来没有忘记过他们的功绩，每逢清明都会有成百上千的人来祭奠和缅怀先烈，以家乡发生的翻天覆地的变化告慰先烈。

烈士有灵，当含笑九泉。

作于2021年清明

女儿情

◇ 邹迎柯　李宏俊

　　新四军第一师机关和苏中党委进驻谦和仓和竹港乡以后，积极宣传抗日救亡图存的道理，深入发动群众，组织群众共同抗日，反抗剥削，应对挑衅，由此对居住在这里的灶户和农民产生了深刻的影响。

　　就说苏中党委驻地的邹家吧，不仅家主邹春善积极参加了灶抗会，其20岁刚出头的儿子邹正邦更是思想进步、工作积极，还成了一名联系党政军首脑机关与各部队的交通员，为了革命的需要，后又参加民兵组织，历任保田大队长、游击队排长、区游击连副连长等职，多次带领民兵出阵参战。就连从不出门居家过日子的邹老妇人和儿媳妇小帘子，也投身到了革命者的行列。

　　说起这婆媳俩的革命行动，除了受到首脑机关各级干部的影响带动外，还有一个人的功劳不能说。新四军东进进驻草庙后，为了宣传发动群众参加抗日，部队向各乡派去民运工作队。吴娟就是上级抽调而来的民运工作队员。她出生于上海大户家庭，父亲是辛亥革命的老将，弟弟是上海某银行职员，从小受到良好的家庭教育。淞沪会战以后，父亲因不满国民党消极抗战、积极反共的行为，被国民党特务杀害，从此改变了一家人的命运。吴娟中学没毕业，就怀揣国恨家仇远离上海，投身革命，参加了新四军。组织上考虑吴娟是一名年轻姑娘，年龄和邹家儿媳妇相仿，加之邹正邦以做生意为名因公常年在外，很少回家，就安排她住在邹家，与小帘子同住一室。

　　吴娟虽出身名门，但她一点也不娇气，白天和民运队员一起外出做群众工作，晚上回到邹家，还帮助邹家婆媳料理家务，协同做好机关的后勤服务工作，并同婆媳俩唠家常，讲革命道理。一来二去，婆媳俩的思想觉悟也有了很大提高，老妇人还经常陪同吴娟一起外出做群众的思想工作。本来就很善于做群众工作的吴娟，因为有老妇人的协助，工作更加得心应手，不仅很快在竹港乡建起了灶抗会、农抗会，还动员了一批年轻小伙子加入革命队伍。工作中，吴娟发现，参加灶抗会和农抗会的都是男人，很少有女人。要想革命取得成功，必须把千千万万个家庭妇女动员起来。

吴娟把想法向邹老妇人讲了，邹老妇人也不避讳，设身处地向吴娟道出实情。由于地处穷乡僻壤，这里几乎所有的家庭都是男人主事，女人在家中只能操持家务，孝敬老人，照顾孩子。目前小帘子就是处于这样的境况，没有特殊情况，一般家庭妇女是很少抛头露面的。

"我年纪和小帘子一般大，甚至还小几个月，您老看我这样抛头露面讲道理，与男人们打交道，您老也看不惯吧？"吴娟向老人询问并征求意见，"做好妇女解放工作，就从小帘子开始，您看行不行？"

"我大力支持，家中两个男人的工作我去做，小帘子开化思想，就靠你了，丫头！"

"您是革命的妈妈，你家是革命的家庭，我相信小帘子也一定不会自甘落伍。我有一个不情之请，看老妈妈同不同意。我想做您的干女儿，这样我和小帘子就成了姑嫂，说话做事都更方便。"吴娟请求。

"承蒙你看得起我这个老太太，我和他爸就生了一个儿子，没有女儿，是我们的遗憾，能有你这样的一个开朗活泼又懂得人情世故的革命的女儿，我们求之不得！"邹老妇人开心地说着。

当晚，吴娟和小帘子忙完事回到房间，都倍感亲切，家常也聊得更加深入。

吴娟先介绍了自己的身世，说了自己为什么参加革命，参加革命做了哪些事情，都有哪些感悟和收获。小帘子听了连声感慨："你真了不起，小小年纪就这么能干，真羡慕死人了。"

"你能讲讲你的身世和今后的打算吗？"吴娟讲完自己，就向小帘子了解她的情况。

"我可没你那么大的本事，能说会道，文化又高。我只求把老人侍奉好、两个孩子抚养大,就知足了。"小帘子也接着向吴娟介绍起自己的身世。

小帘子出生穷苦人家,从未上过学,家中无田无产,父母靠为大户打工养家糊口,生了大帘子、小帘子姊妹俩。因为家境贫寒,姐姐大帘子10岁就给人家做了童养媳。小帘子15岁时,父亲给盐商打工不幸中暑,因无钱医治去世了。就在这一年,母亲也忧劳成疾去世。小帘子孤苦一人,被好心的姨父家收养。姨父在生意上与邹家父子多有往来,感觉邹家人品不错,家风纯正,尤其邹正邦小伙子办事干练,为人诚恳,有意将小帘子嫁给邹正邦。邹氏父子见小帘子穷苦出生,勤劳本分,也乐意娶其为媳,就这样小帘子17岁时就嫁到了邹家。她恪守妇道,从不多言多语,主动协助婆婆操持家务。三年时间,她为邹家生育两个男丁,增加了邹家的人气,从此更是一心向家,不求富贵,但求平安。

"恐怕这只能是你的一厢情愿,我还想在上海家中过平安日子呢。别看现在这里风平浪静,说不定日本人啥时候就杀过来了,南京那么多同胞谁不想过太平日子? 可他们如今都惨遭日本人毒手。东北那么多同胞不想平安吗? 如今不是在日本的铁蹄下惨遭踩蹋! 再说你父母吧,他们不想平安吗? 如今呢?"吴娟很激动,一口气说了很多,小帘子听了,眼里不禁涌出了泪水。

"那有什么办法呢? 我一个小女子,拖家带口的,能干啥呢?"

"只要想,就能干! 他们男人干他们该干的事,我们女人也有我们可以干的事,你看我,和你一般大。我能干的,你也能干。没文化,我来教你;学本事,我来带你。就看你愿不愿意。再说你还有一对好公婆,有好丈夫,我相信他们都会支持你的。从明天开始,你白天跟我一起出去做工作,晚上回来学识字,家里的事,孩子的事,你婆婆也就是我干妈都会照料好的,你就放心跟着我干。部队迟早会离开这里,地方上的工作终究还要靠地方的人来干,你们都要有思想准备!"吴娟苦口婆心,让小帘子内心掀起了波澜,她不敢想象,一家人会支持她像吴娟一样出去抛头露面。但吴娟言辞恳切,不容小帘子有半点怀疑,她们聊了很久很久,直到鸡叫了三遍,吴娟才沉沉睡去。小帘子却怎么也睡不着,辗转反侧,直到不满周岁的小儿啼哭,抱起来喂奶时,才坐着打了个盹,天就亮了。

"娟子妹妹，我想好了，跟着你干，你可要多帮帮我。"洗漱时，小帘子终于下定了决心，对吴娟表态。吴娟欣喜道："是，我们一起去向干妈说。"

"你就跟娟子去吧，跟她学着点，能帮的尽量帮一点，家里的事你放心好了。"听了吴娟和小帘子商量好的事，邹老妇人非常高兴，"我们邹家除了两个娃娃，都参加了革命，将来他们也一定会跟着搞革命。"

就这样，小帘子从一个足不出户的小媳妇，逐步走上了革命的道路。她和吴娟由家中好姑嫂到革命工作的好伙伴，再到侦察敌情的好搭档。她协助吴娟把竹港乡多数农民、灶民组织起来，成立农抗会、灶抗会，推动减租减息斗争。她配合吴娟走村进户做妇女工作，把数以千计的农家妇女组织起来，成立妇抗会。她带领妇女做军鞋、磨军粮、做护理，甚至动员有文化的妇女参加部队文化宣传。因为出色的表现，小帘子被妇抗会推举为首任妇联主任，成为竹港乡妇女解放的领头人。

吴娟不断将小帘子的工作表现和成长过程向干妈汇报，干妈看在眼里乐在心里，常常拉上娟子的手说："你就是我们家的大贵人啊！我们全家都感谢你！"

"革命者本来就是一家人，何况您还是我的干妈，家里的所有人都是我的家人，小帘子更是我的好姐妹、好搭档，以后感谢的话千万别讲了。"

言谈中，干妈拿出一双新做好的布鞋，塞到吴娟的手中："这双鞋是我抽空特意为你做的，看你整日奔波忙得不得了，你这双部队配发的布鞋早已破旧，穿起来不好看也不方便。"

吴娟赶忙摆手："好妈妈，您千万别这样，部队有纪律，不拿群众一针一线，这鞋您还是拿给家中合适的人穿吧。"

干妈脸色一下子变了："口口声声说是一家人，都是亲人，怎么到这里就不是家人，也不是亲人了？你不收下这双鞋子，咱们母女的情义也就到此为止了。"

吴娟见干妈真生气了，连忙说："干妈，不管怎样，部队纪律不管谁都不能违背，咱们母女不是亲生，但胜似亲生，这双鞋我收下，但您一定要收钱，不然我过不去这道坎，上级会追究的。"说着拿出三块银圆交给干妈，干妈实在拗不过，就从中拿了一块，其余的还给了吴娟。"这一块都是多余的，为了你过得去，我收了。"干娘眉开眼笑地说。

1941年秋冬，日伪军集结大量兵力进攻台北地区，大中集、西团、小海、裕华等地区先后被日伪军占领，并设置据点。危急关头，驻扎在大中集的谷振之等一批原本为新四军收编的地方武装和革命队伍中意志不坚定分子相继投敌，成为日本人控制台北地区的走狗。

为打击日本人的嚣张气焰，惩戒叛国分子，鼓舞民众反抗日本侵略者，我军决定对日伪开展主动进攻。为摸清敌情，更精准打击敌人，上级决定委派侦查员深入敌后开展侦查，收集敌人防守情报。

此时，正是吴娟介绍小帘子入党的关键期，上级为考验小帘子的革命意志和工作能力，决定委派吴娟和小帘子一道深入到日伪盘踞已久的东台城侦察敌情。吴娟将上级的决定告诉了干妈，干妈感到很为难，两个年轻的女人深入敌后，万一被敌人识破咋办？她提出由她来执行任务，以走访探亲的名义进入东台城。

吴娟表示这是上级的决定，不容更改，只是恳请干妈出面，向本乡富裕人家借两身旗袍，帮助她和小帘子装扮一下。小帘子得知情况后也劝婆婆放心，她们会随机应变，再说自己还有一个小姨父在东台城开饭店，到小姨父家探亲不会引起日伪军的怀疑。

情况果然如小帘子预料的一样，吴娟、小帘子装成大户人家的少奶奶，闯过了日伪军的层层盘查，顺利来到小姨父的饭店。小姨父对小帘子有收养之恩，后又把她介绍给邹家，相互往来十分频繁。小帘子对小姨父说明两人的来意，小姨父原本就对日伪人员侵害百姓的行为很是不满，只是为了生存不得不与其虚与委蛇，得知两人的来意后忙将自己了解到的敌情和盘托出，并让俩人暂住家里。

第二天中午，一名日军翻译和日军小队长来饭店吃饭，小姨父忙装出一副热情的样子，好菜好酒款待。吴娟和小帘子不卑不亢，以帮忙服务的名义周旋在桌子周围，鬼子小队长见有生人，连忙询问二人来历，小姨父实话实说，是两名姨侄女从台北过来探亲。鬼子小队长见小姨父说话实在，连声夸赞"令侄女很漂亮"，并回头询问两人家周边有没有新四军。小帘子回答说来过，不知啥时又走了，从没打过交道。鬼子要求她俩以后一旦发现新四军过来，立即到姨父家报告。两人连连点头，并表示"就怕共产党打土豪，只要发现，一定第一时间报告"。鬼子听了非常满意。

很快，吴娟和小帘子就返回了，把侦查收集到的情报向部队做了详细汇报。部队根据情报，对日伪军给予了沉重的打击，极大鼓舞了民心士气。部队首长对吴娟和小帘子沉着机智侦察敌情的表现给予表扬。年底，经组织批准，小帘子光荣地成为一名共产党员。

随着革命形势的发展，上级对地方工作人员进行调整，吴娟因丈夫刘清华在八路军总部报社工作，领导决定将其调到八路军总部去。

吴娟从来竹港乡工作到奉调北上，前后不足一年时间，但就是这短短一年时间，使竹港乡的群众工作取得了翻天覆地的变化，无数群众勇敢走上了革命的道路。吴娟与这些群众也结下了深厚的情谊。而邹家婆媳更是在吴娟的引领下，成为出色的革命者。

眼看着吴娟就要起程北上了，小帘子哭成泪人，婆婆也是泪眼婆娑。"干妈，帘子姐，你们不要这样，革命者就是四海为家，你们放心，我一定会回来看你们的……"吴娟说着，也禁不住潸然泪下。后来，吴娟果不食言，先后两次来竹港乡探望干妈、小帘子，每一次都给她们带来好的消息，给了她们无穷的革命信心和决心。

作于 2024 年 5 月 7 日

特殊的客人

◇ 卢群

1944年9月20日凌晨，一架美国B-25米切尔型轰炸机，在轰炸日本东京时被高射炮击伤，坠毁于大丰境内。5名飞行员跳伞后，躲藏在海边的草丛里。得到消息，新四军第一师粟裕师长当即派遣兵力，赶在日本人前面找到了他们。与此同时，飞行员的接待工作也在紧张进行。

接待贵宾的客房由一座破旧的小祠堂改造而成。客人入住时，墙上的石灰水还没有干透，蚊帐和被褥是新做的，生活用品应有尽有。洗了澡，换上新四军军服，飞行员顿觉神清气爽，军人特有的气质又回到了身上。

"告诉你们一个好消息，粟裕师长要来看望你们。"飞行员们正相互欣赏着崭新的军服时，康指导员兴冲冲地走来。康指导员是康有为的孙女，既精通英语，又熟悉外交礼节，营救活动中，一直陪伴在飞行员身边。

听说粟裕师长要来，飞行员们很激动，他们早就想看看这位传说中的战神了！

刚排好队，粟师长就到了。他一边同大家亲切握手，一边微笑着说："朋友们辛苦了，我们这里条件有限，如有招待不周的地方，还望多多包涵。"

"已经很好了。"一位名叫戴维的少校，紧紧握住粟裕师长的手说："粟师长，久闻您大名，想不到这辈子还能见到您，太好了！为了营救我们，你们牺牲了十几位战士，有位战士还是个孩子，就、就……"戴维说不下去了。

粟裕连忙说："别难过，这是我们应该做的，你们是我们的抗日盟友，你们遇到危险我们岂能不救？！"

当晚，飞行员得到了最高级别的接待。一张半新的四仙桌上，摆满了鸡、鱼、蛋、猪肉和时令蔬菜。飞机坠落后，这些飞行员已好几天没正经吃饭了，看到满桌子佳肴，早把矜持丢到脑后。一位飞行员一边啃着鸡腿，一边悄悄地说："哎，告诉你们，这鸡、鱼和猪肉，是粟裕师长用自己的津贴费从老乡那儿买来的。"

"你怎么知道？"

"从炊事员的对话中听来的。"

"你能听懂他们的话？"

"父亲在华工作期间，我来这儿待过。"

"听说新四军生活很苦，粟师长把津贴费拿出来招待我们，岂不是更辛苦了？"

"是啊，这样的长官，只有在中国新四军和八路军中才能看到。"

一丢下饭碗，飞行员们就来到粟裕师长的住处，他们要感谢这位义薄云天的大英雄呢！

低矮的茅草屋内，里间支着一张木板床，被褥跟战士们一样，是粗布做成的，上面还有几个补丁。堂屋一张桌子，两条板凳。桌子上堆满了文件和书籍，墙上挂着军用地图。刚说了两句话，警卫员进来了，端着一盆稀饭和一碟子咸菜。

"您，您就吃这个？"飞行员们惊呆了。

"哈哈，有时连这个都吃不上呢。"粟师长笑道。

"您这么辛苦，却给我们买了那么多好吃的，真不好意思。"

"你们是朋友嘛，有朋自远方来，不亦乐乎。"

"粟师长，我们想看看你们的生活和训练，可以吗？"

"行啊，欢迎指导。"

翌日清晨，飞行员们在粟裕师长的带领下，朝村外走去。一踏进练兵场，惊天动地的喊杀声戛然而止，战士们迅速持枪列队，动作如刀切一般整齐。粟裕师长说："你们按原计划进行吧，美国朋友想看看你们的训练呢。"

"是！"执勤官应了一声。随即，战士们又投入到紧张的训练中。

见战士们的枪支长短不一，戴维好奇地问："粟师长，你们的武器是怎么解决的？"

粟师长随即从战士的子弹袋里抽出一排子弹。戴维接过去一看，弹头是用工具敲打出来的，子弹也不一样，5发子弹居然有多种型号，弹壳是旧的，弹底座比锅底还要黑。

"这个能使吗？"戴维皱起了眉头。

"这是'翻火'子弹，连长规定，每打一发子弹，都必须把弹壳捡回来，否则要处分。"那位战士说。

"为什么？难道蒋委员长不发子弹给你们？"戴维不解地问。

"情况是这样的。"粟裕师长接过话头，讲述了多年来新四军不仅得不到国民政府的援助还被撤销番号的情况，告诉他们，新四军的武器都是从日本人那儿缴获的，由于消耗量大，不得不土法上马，自己制造。

"怪不得国民党不得人心，问题原来出在这儿。粟师长，我想把这几颗子弹带回去，让我的上司也看看。"

几日的朝夕相处，美国的飞行员们目睹了新四军对待盟友的深厚情谊、勇敢杀敌不怕牺牲的革命精神、不拿群众一针一线的铁的纪律、军民亲如一家的鱼水深情，以及官兵平等的优良作风。临别时，戴维握着粟裕师长的手激动地说："谢谢你们的关照，你们的军队是一支了不起的军队，有你们在，中国就大有希望！"

（本文刊发于2024年第三期《多彩金属》）

夜访

◇ 邹迎柯　李宏俊

1941年1月18日晚，月黑风高，天空乌云翻滚，一场雨雪看来不可避免。在外奔波劳碌多日后，50多岁的生意人邹春善，赶在雨雪天气到来之前返回家乡。他下午向东家报告了生意进展情况，傍晚回到竹港河畔的家中，与一家老小一起吃好晚饭，刚刚睡下。

"笃、笃、笃笃……"几声敲门声，将刚刚入睡的一家人惊醒，"什么人？这时候来敲门。"邹春善一边点亮油灯，一边安抚家人，自己披衣下床，打开正房大门。

"请问，这是邹春善老先生家吗？"门打开，只见门外站着两高一矮的三个年轻人，全部庄户人打扮，其中一个高个子开口问道。

"是的，请问你们找邹春善有事吗？"邹春善一面作答，一面寻问来意。

"您就是邹春善老先生吧，我等奉老东家要求，想和您老谈点生意，不知道可否方便讨口水喝？"高个子青年回答。

邹春善见来人说话和气、待人诚恳，赶紧让三人进门，一边转身点亮正屋里的罩子灯。这时邹老夫人也起来了，帮着张罗桌凳，请客人入座，并拿出茶水倒上。

趁客人饮水之际，邹春善借着灯光仔细打量三位客人，问道："三位年纪很轻，不过二三十岁吧？你们是奉哪位东家之令，与我有什么生意可谈，不妨直言。"

老夫人也满脸疑惑，好在见三位客人面相和善、打扮朴实，不免放下心来。

"不瞒二老，我等三人原来也都是庄稼人出生，因受地主老财欺压和日本鬼子祸害，几乎无法生存，投奔了新四军。我叫高敬之，这位高个子叫杨航，那位小个子叫苏广益。深夜打扰老人家，实在是无奈，请二老谅解。"自称高敬之的年轻人直言不讳，话语间满是诚恳。

可是一番话终究让二位老人吃惊不小。老夫人对新四军是什么军队毫无概念。邹春善多年在外奔波，对新四军的情况倒是略知一二，并且在生意上与新四军也有过间接的联系。玉米、食盐、棉花等有不少被新四军买去，邹春善是知道的，但明面上谁也没有说透，本着完成东家交办的差事即可。只是在偶然闲聊时有所知晓，他也流露对新四军的好感，但像今天这样面对面直接接触，实属首次，一时之间，邹春善竟然不知所措。

"请二老千万不要误会，我们三人今天过来，没有任何恶意。前两年，我们新四军刚刚驻扎东台等地，军需紧张，物资匮乏，幸亏得到邹老等商人在生意上的关心、支持。只是过去都是生意上的接触，大家为了方便都没说透，早就听闻邹老对我们共产党、新四军有好感，部队首长也十分关注。今天首长令我们前来，主要目的，一是受首长委托来看望邹老，二是想借贵方宝地也为新四军一师及所属机构寻求新的发展之地，团结民众和各方力量共同抗击日寇，还请二老能给予支持。"接着，高敬之又对自己及同行二人的身份作了介绍，他们是新四军一师二旅民运队的，高敬之是队长，杨航和苏广益是队员，此次前来是为一师转移打前站的。

了解了三人的来意，邹家二老心里不免翻腾开了。老夫人胆小怕事，怕惹上麻烦，不知道老头子在外生意上到底结交了什么人。新四军、共产党是干什么的，会不会给自家带来什么灾祸？一家人省吃俭用，吃辛受苦，才过上比较安稳的日子，会不会就此落魄？一家老小今后该怎么过……

邹春善整日在外，眼界开阔，对共产党、新四军带领人民闹革命，打日寇有所了解，在内心敬佩新四军的胆气与豪情，但终究没有直接打过交道，心里也难免打鼓……

三位客人见邹家二老久久不言，深知老人家的心理可能在犯难，便继续向二老宣传共产党、新四军的政策，说明共产党是为人民打江山谋幸福的政党，新四军是带领人民打天下、驱日寇的队伍。如今国难当头，日寇肆虐，民不聊生，国家和百姓都处于危急存亡的紧要关头。国民党消极抗战、积极反共，制造骇人听闻的皖南事变。共产党领导的新四军团结一切可以团结的力量，坚决打击日本侵略者，积极应对国民党反动派的挑衅。革命正处于危急关头，急需广大人民群众的支持。为此，他们前来打前站，为部队转移落脚做准备，急需像邹老这样有觉悟的革命群众的帮助。同时，也希望邹老帮助宣传革命道理，吸引更多开明人士和革命群众，投身反抗日本侵略者、打击反动派的行列中来。

听了高敬之等人的慷慨陈词，邹春善心情无比激动。回想自己这一路走来经历的艰难困苦，内心何尝不渴望能有一支力量扫尽人间不平，荡平一切黑恶势力，驱逐作恶多端的日本强盗！如今这一力量就在眼前，他又怎能不竭尽所能，把他们迎进来，落好脚，安好家？！

"眼下，最要紧的是，要为我们的部队和新成立的苏中地委找到两处合适的发展地域，可能需要相当一部分住房和训练场地。还望老人家在接下来的几天，帮我们考虑一下，并带领我们实地察看。如有可能我们还想与有关方面接触一下，时间紧迫，任务艰巨，有劳老先生帮忙。"

见天色已晚，邹春善就让老夫人安排，让三位客人先住下来，所议之事待自己考虑一下。当晚三人就在邹家柴房临时打地铺住下。

邹春善老人却一夜未眠。东方欲晓，绵绵细雨夹着点点雪花，纷纷飘落，老人家心里终于有了两处合适的地方，似乎可作部队和机关安息之所，待天亮后，与三人商议，如有可能即带他们前往考察……

作于 2024 年 5 月 10 日

父子接力八十年　守护无名烈士墓

◇ 陈万荣

　　山河无恙，英雄不朽。为了国家和民族，无数革命先烈抛头颅、洒热血，视死如归，这些英雄烈士值得我们永远铭记！每一个烈士陵园和每一座烈士墓碑的背后，都有可歌可泣的动人故事。令人扼腕叹息的是，在残酷的战争中，有不少革命烈士成为"无名英雄"，默默无闻地被埋葬在荒山野岭。

　　在大丰西团镇新中村的公墓里，就有这样一座"孤坟"，埋葬着一位无名烈士。他牺牲后，家人和所在部队都失去了联系，没有人前来寻找，更没有人认领。值得庆幸的是，当地村民秦国保和儿子秦长美父子俩接力义务守护这座无名烈士墓近80年，让烈士的英骨得以护佑，英灵得到敬仰。他们父子的行为，同样值得世人的尊重与敬仰。

　　这是一段在当地传颂了几十年的佳话。

　　在新中村村部公示栏中张贴着一份"厚德大丰榜"人员名单，秦长美的名字列在其中，十分醒目。村党总支书记吴跃军指着身旁头发花白、身材魁梧的老汉向前来采访的我介绍："他就是秦长美，那位接力守墓人。"

　　吴跃军说，据村民们口口相传和有关资料记载，1945年冬季的一天，国民党反动派的部队来西团一带扫荡时，与一名解放军侦察兵遭遇。在姚家墩东侧，这名侦察兵被反动派追击，从龙游河的北岸向南岸泅渡过程中，眼睁睁地被北岸的敌人开枪打死。烈士牺牲后，没有人知道他的来历，也没有人为他料理后事。

　　新中村的共产党员秦国保和高进美，悄悄地将这位无名英雄的遗体妥善安葬在河南岸边一个叫做"五车路口"的地方。虽然不知道这位革命英雄的姓名，但淳朴善良的村民知道，他是为老百姓而牺牲的，周围的村民精心守护着这座烈士墓,秦国保更是每年清明都去为烈士墓添土、祭扫,冬至、春节的时候,去焚香点纸寄托哀思。

20世纪70年代,西团人民公社开展了轰轰烈烈的平田整地运动,将坑坑洼洼的沟塘填平,一些散坟如果无人认领将会就地填平。秦长美的父亲秦国保和高进美,当时都是生产队长,他们将这位无名烈士的坟墓迁葬到新中村公墓园内。迁葬后,无名烈士墓得到了更好的保护。大雨过后或者耕种时节,秦国保总是及时为无名烈士墓排水、添土、清除杂草。

"那时候我还小,但也经常跟着父亲一起去"。说起往事,秦长美眼里噙满了泪花。

秦长美动情地说:"我父亲的亲弟弟,也就是我三叔秦国山也是一名革命烈士,当年他牺牲后,我父亲和家人就将他安葬在这位无名烈士墓旁边。从此以后,父亲自然而然地也将这位无名烈士当作自己的亲人。"

新中村公墓在村部东边500米左右,公墓中央一片绿草丛中,竖立着一块墓碑,上面刻着"革命烈士之墓"六个大字,顶端嵌有一颗鲜红的五角星。秦长美走到墓旁,用手抚摸着墓碑动情地说:"这就是那位无名革命烈士的墓。"

秦国保和秦长美已经为这位无名烈士义务接力守护了79年。今年已经69岁的秦长美告诉笔者:"二十多年前,父亲去世临终前特意叮嘱我,让我务必继续守护好这位无名革命烈士,说:'他是我们的亲人,不能让他孤独,子孙后代一定要守护下去。'"

2012年,盐城市民政部门启动"慰烈工程",一大批散葬的革命烈士被迁入烈士陵园集中安葬。秦长美的三叔秦国山,在原大丰市烈士英名录及西团的相关史料上都有档案,被批准安葬在镇烈士陵园。与此同时,秦长美申请将这位无名烈士安葬进镇烈士陵园。但是,由于年代久远,民政部门无法查找到相关资料、无法证明这位无名烈士的身份,这名无名烈士只能继续在原地安息。

然而,这个无名烈士墓在新中村公墓并不孤单,这里有着淳朴善良的村民,他们有着对革命烈士的无比崇敬。秦长美坚持不离不弃地守护,得到了社会的赞扬。为了弘扬烈士的革命精神，开展革命传统教育，新中村两委会于2021年4月在村公墓原址修建了革命烈士之墓，供广大村民缅怀先烈。

"近80年的接力守护，秦国保、秦长美父子不只是简单地看守这座坟墓，更是对革命历史的守护，对红色精神的传承。"吴跃军满怀深情表示。

说话间，一群少先队员颈系红领巾，手举小红旗，唱着革命歌曲，朝这座革命烈士墓走来……

作于2024年5月20日

陈毅丁溪遇险记

◇ 仓显

　　1941年春节刚过，爆竹火药的余味还在空气中荡漾，东台县人民就迎来了军民大会的召开。听说陈毅军长应苏北行署主任管文蔚的邀请也来参加会议，大家心里别提有多高兴了。

　　陈军长就要到了！东台各界人民列队欢迎，鼓乐齐鸣。人们想象中这位叱咤风云、纵横驰骋的新四军统帅一定是仪表堂堂，"盔甲"鲜明。

　　"陈军长来了！"不知谁叫了一声，大家循声望去，只见陈军长头戴一顶旧军帽，穿着一身战士服，膝盖头上的棉絮已飞到布外边。看到这身装束，大家心里都很惊诧，陈军长也似乎意识到这点，他操着浓重的四川口音风趣地说："同志哥啊！我这次出师不利……"

　　说起陈军长的"出师不利"，其中还真有几分险情呢！

　　原来，1月28日，也就是农历正月初二那天，陈军长应邀从盐城去东台，汽艇划破了串场河的薄冰，激起了朵朵浪花，几名小战士激昂地唱起了《新四军军歌》，陈军长还兴奋地朗诵起"红旗十月满天飞"的动人诗句。走着，走着，当汽艇行驶到丁溪北关口时，意外的事情发生了。

　　"起火啦！起火啦！"驾驶员一面拎起水桶取水救火，一面大声地喊叫起来。原来是汽艇的汽缸爆炸，船体也燃烧起来了。

　　汽艇上的人一下子慌了手脚，仿佛在滚烫的油锅里放上了一把盐——"噼里啪啦"地炸开了。这时陈军长已从船舱中走上船头，镇静地一面指挥救火，一面指挥救护不会游水的同志。时值西北风正猛，火借风势，风助火威，火势越烧越旺，烟雾越来越浓。与烈火搏斗的指战员都在浓烟包围之中，五步之外不辨东西。

这时，陈毅同志仍然站在半人深的河水里指挥救火。"军长，你赶快上岸！"警卫员又一次请求。

"乱弹琴，快救火！我陈毅怎能临阵脱逃呢？"

火终于扑灭了。

陈毅同志在冰冷的河水中已泡了半个多小时，由于紧张地救火，忘记了寒冷。上岸后，西北风一吹，他不禁打起了寒战，上牙不住地磕着下牙，衣服外面已结上了薄薄的一层冰。

这时，岸上的一家老奶奶烧了一堆火，陈军长把外面衣服脱下来，拧了拧水，一面烤火，一面吩咐警卫员找出几张抗币，硬塞给老奶奶，作为火草钱。一会儿，衣服上的蒸气冒起了一缕缕烟雾，僵硬的手指也温软了许多。陈军长风趣地说："梁园虽好，不是久恋之地。同志哥啊，走！"

驻丁溪北关的一师二旅卫生队唐求队长听说陈军长汽艇失火，立即派陈副官带一些同志赶来救火，正好碰上陈军长。军长一行随陈副官来到卫生队，唐求队长把陈军长安排在王述周的病房里。

"陈军长，请换衣服吧！"副官手里捧着一身战士穿过的旧棉衣，不好意思地说，"实在没有一身合适的干部服。"

"很好嘛！你看这棉花还雪白的。"陈军长指着棉衣上几处露出的棉絮说，"比我在赣南打游击时穿的强多啦！"

"军长，吃药吧！"陈军长刚刚换好衣服，一位年轻的女护士走进了病房。

"吃药？"

"是的，吃药。因为你在冰水中站的时间太长，容易感冒。唐队长特地叫我送些发汗药给你吃。"

"请你替我烧碗姜汤。药，留给病号吃。"

"陈军长，我是在执行命令啊！"小护士笑着说，"你不吃药，我没法向唐队长交待啊！"

陈毅笑着说："小鬼，难道真是当地菩萨当地灵？我陈毅的话就没有一点用吗？"

小护士到底拗不过军长，只好把药收起，为陈军长送来了一碗滚烫的姜汤……

夜幕降临了，在东台城的管文蔚主任左等右等还不见陈军长汽艇的踪影。电话接通了，伍佑没有，大团没有，刘庄也没有……最后，打通了丁溪的电话才使管主任放了心。

第二天，天还未亮，管文蔚亲自来丁溪迎接陈军长。串场河水又掀起了欢腾的浪花，东台码头响起热烈的掌声，广大军民盛情欢迎陈军长的光临。

（本文摘自中共党史出版社2014年8月出版的《新四军与大丰》）

铁骨写春秋　热血照丹心

◇夏钰苏

　　他是盐阜大地的赤子，用铮铮铁骨书写春秋，用青春和热血诠释着对党的绝对忠诚。他是一座黛青色的山峦，横亘于天地之间。

——题记

　　泛黄的日历翻开到1924年10月9日，那天东方破晓，云动四方。当第一束阳光照射到夏家门前的老槐树上时，一声清脆的婴啼，便响彻树下的破旧茅屋。此子排行老四，老父寄予厚望，取名为坤岳。

　　幼年时期的他就聪慧懂事，到五六岁时，就开始为大人分担自己力所能及的农活。每天晚饭后，父亲总会给孩子们讲故事，花木兰替父从军、杨家将保家卫国、岳飞精忠报国、陆秀夫舍身报国等故事深深扎根在他幼小的心灵。当年长22岁的长兄，随本家叔伯去了裕华安顿后，十多岁的他就独当一面，成了家里的顶梁柱。1940年底，他成了儿童团的一员，白天干活，宣传抗日，夜晚轮岗放哨。1942年，他又加入了民兵组织，听从党组织的随时调遣，积极参加战斗。在革命需要的每一个地方发光发热，看着忙前忙后的幼子，双亲甚感欣慰。

　　1946年年关将至，长兄一家回家过年。大年初六辞别时，长兄对他说："坤岳，你独自照顾父母太辛苦了！如今二老已60多岁了，身子骨也没有之前硬朗，加之父亲近来微恙而消瘦不少，你一个人持家的日子也清苦，要不这次就都随我们回去！"

　　他对长兄、长嫂说："大哥，大嫂，你们放心，我会照顾好父母亲！况且，大姐、三哥也住附近，可以帮忙照应！"长兄慈爱地看着幼弟消瘦的脸庞上闪烁着坚毅光芒的双眼，拍拍他宽阔的肩膀，与他约定清明回老家祭祖时再做决定。

谁承想，此次竟成为兄弟俩今生的诀别！

转眼间到了阳春三月，河边仍旧枯黄的芦苇在风中摇曳着，风依旧凛冽。一位身材高大健壮、穿着洗得泛白青布衣的青年，在河边割草。他手脚麻利，一会儿两捆草就割好了，一根扁担搭在肩上，脚步轻快，健步如飞，轻松跨越宽大的田埂垄沟，如履平地。这位就是时任民兵中队长的夏坤岳，他常以打草、卖草为掩护，与党组织秘密联系，接受党组织安排的各项任务。近来的日子并不太平，有风声传来，敌人要扫荡当时他所在的时丰乡。为了粉碎敌人的疯狂扫荡，那段日子他格外忙碌，每天休息的时间很少。

1947年3月20日，那天恰逢倒春寒，天格外冷，公鸡刚叫头遍三更时，忙碌一天的他才躺下。鸡叫第二遍四更时，他就轻手轻脚地起床，麻利地做完早饭。临行前的动静惊动了母亲，头发花白的母亲轻声问："儿啊，天还未亮，这么早就下地了吗？"他便告知母亲："妈，我今天去乡里集市卖草，你们先吃早饭，我回来再吃。"母亲又叮嘱道："早去早回，多加些衣服！"他挑起两捆草，转身对母亲说："妈，明日春分，天气会稍暖，您选些种子，明早我先去集上，天亮时就回来下地。"

殊不知这是他与母亲的永别。

走出家门，他加快脚程，在天未亮时赶到集上。清晨的风带着瑟瑟的寒意，吹得地面的落叶与尘土飞扬。他放下担子，警惕地环顾四周，等待党组织派来的两名同志前来传达重要指令。他们很快便在街尾小巷的拐角处相见，两位同志简要交代后，正准备离开。此时，危险正在向他们靠近。由于当时集市周边人流量大，鱼龙混杂，敌特分子常常混迹其中，接头联络的消息，不知怎么走漏了风声，闻风而来的敌特务，纠集了还乡团前来围剿，试图抓捕共产党人。

夏坤岳同志反应迅速，沉着冷静，压低声音对两名联络的同志说："你们赶紧混入人流，街口有人接应。这里地形我熟，我负责断后，三天后会合！"为了掩护两名联络员能安全撤离，他主动暴露自己，跟敌人展开了周旋，用声东击西的办法，将敌人引入一处草垛附近，准备利用地理优势歼灭敌人。由于敌我力量悬殊，敌人四面包抄，最终，因枪弹打完、寡不敌众，他不幸被捕。

两名党组织的联络员安全隐入人流。他们离开时，从周围百姓口中得知夏坤岳被抓的消息，他们当即商议对策，准备连夜实施营救行动。

夏坤岳被捕后，敌人先是威逼利诱，他从容平静地蔑视着敌人，不吭一声。敌人又将他吊起来鞭打，他咬紧牙关，没有发出一丝呻吟。穷凶极恶的敌人对他用尽各种刑法，试图使他屈服。严刑拷打把他折磨得遍体鳞伤，血肉模糊，可是依然没有从他口中得到一丝信息。从早晨一直折磨到中午，皮肉的痛苦和威逼利诱都不能动摇他坚强的革命意志，也动摇不了他对党的无限忠诚。

长达数小时的酷刑折磨都无效后，敌人并不甘心。下午，他们采取了更加残忍的手段，就是水刑。敌人将夏坤岳绑在老虎凳上，用长嘴水壶不停地往他嘴里灌河水，待肚子鼓起时，又用脚踩住他的腹部，将水从喉咙中挤压出来，然后再接着灌水，如此反复。傍晚时分，他已被折磨得奄奄一息，依然未向敌人屈服。敌人对他实在没有办法，恼羞成怒，残忍地将他杀害。

待敌人撤离后，为了防止他们去而复返，对夏坤岳的遗体进行凌辱，家人用一副薄棺，于当晚子夜时分草草将他安葬。两位联络员在他的坟前鞠躬拜别，并连夜赶回向党组织汇报夏坤岳同志牺牲的经过。

第二天凌晨风雨大作，大雨倾盆，雷声震天，天地为之变色，仿佛苍天也为他呜咽……在那段无法预知光明何时到来的黑暗时期，原本微恙的父亲一病不起，于第二年辞世。坚强开明的母亲也经受不住这样的打击，常常暗自垂泪，哭瞎了双眼。

夏坤岳的生命定格在23岁，定格在1947年3月20日，永别了他并肩作战的战友，永别了他相濡以沫的亲人，安眠在了他一生挚爱、以生命呵护的家乡土地。

2010年的清明，他的坟墓从新丰镇金东村迁至大丰烈士陵园。如今这位年轻的英雄长眠于革命烈士陵园，与无数长眠于此的英烈一样，在青松苍柏间，伫立成一座不朽的丰碑！

作于2024年6月1日

芦荡勘察记

◇ 邹迎柯　李宏俊

　　1941年3月，粟裕师长率领新四军一师奉命讨伐盘踞在泰州的投降派李长江部。在取得大捷后，部队按预定计划进入敌后开展反扫荡斗争。

　　粟裕师长及师部机关移驻台北（大丰）地区的草庙五总谦和仓。在部署完后勤工作后，按照粟师长的习惯，首要任务就是详细了解驻地周边情况，勘察地形。

　　在这之前，负责打前站的二旅民运队队长高敬之等人已将谦和仓相关情况及周边地形地貌向粟师长做了详细汇报。不过做事从不留尾巴的粟师长还是决定扩大勘察范围，为此后的抗敌斗争做好足够的准备。

　　粟师长请先期驻扎竹港乡的苏中二分区地委书记章蕴帮助寻找一名熟悉当地地形的人做向导。章蕴书记考虑和推荐的人选正是苏中地委驻地的家主邹春善。

　　邹老爹年过五旬，长年在海边奔波，对当地及周边范围内的地形地貌和风土人情都很熟悉。更重要的是他对我党十分认同，非常支持我军政的各项工作，而且做事又很沉稳。

　　章蕴书记将邹老爹的情况向粟师长汇报后，粟师长表示："行，就请他帮忙！"章蕴书记辗转找到邹春善，说部队有一位首长勘察地形，想请他帮忙带路并介绍相关情况。章蕴书记没有告知邹老爹这是粟师长请的他。

　　邹老爹深知队伍上的事紧要，立即放下手头正在带队舞龙灯的活计，只身一人来到谦和仓。粟师长在确认了邹老爹的身份后，就带一名警卫员一起出发了。

　　他们自谦和仓一路向东北行进，从王港河下游的王港闸开始勘察。粟师长站在闸口向东望去，远处是茫茫滩涂，闸的东南方向有一大片洼地，洼地里长满了芦苇，形成了连绵数里约3000亩的一大片芦苇草荡。

那些芦苇又高又粗，高的一丈有余，粗的比手指还要壮实。粟师长看着那壮观的芦苇荡，禁不住感慨："这芦苇荡的气派，比当年张飞气周瑜的芦花荡还要壮观。假如有朝一日能在这里和日寇一决雌雄，岂不快哉！"

师长边说边掏出笔记本，在上面画着草图并标明了数据。他一边画还一边问："老爹，您知道这里的地名吗？"

邹春善用手指着远方告诉师长："靠近王港河的那一块高地叫袁家墩子，墩子向南那一片高地上住着几户灶民，正在烧盐的地方叫青竹山。"

"从青竹山向东，叫高沙子，是一条通往海滩的小路，这条小路是捕鱼人进出的通道。高沙子以南有条入海口，叫潦水，是竹港河与疆界河合流的入海口。潦水的西边有一个弯口，名叫死环口，死环口旁边有一个鱼舍，是捕鱼人歇脚吃饭的地方，名叫潦水舍。"邹春善一边走一边讲解，粟师长则边听边记。

"王港闸到竹港闸有多远？"粟师长问。

邹春善答："王港闸到竹港闸16里，王港舍到潦水舍14里。"

粟师长仔细画好地图，标注地名，继续问："死环口到阮德宝家有多远？江淮印钞厂在那里，紧急情况下转移需多长时间？"

"大约五六里路，沿阮德宝家门前的疆界河乘船，拉纤要两小时左右，开机器船用不到一小时。"

粟师长很感兴趣，他沿河向西，直接跑到阮德宝家墩子："您老讲得没错，空手一个多小时，行船会慢些，但两小时足够了。"

在阮德宝盐场，一行3人吃了干粮，粟师长又继续了解情况："从死环口到草庙有多远？"

邹春善表示，从疆界河北绕道要16里，从河南直行约12里。粟师长听后继续标注到地图上。

下午，他们沿着海滩芦苇荡继续向南前行。

初春的滩涂草地芦荡，远看已泛起一抹抹绿波，可是走到近前，看到的却依然是枯草细苇，只有那匍匐地面上的一块块形状各异的海草长得碧绿，让人不得不佩服这些海草生命力的顽强。

太阳落山前，邹春善领着粟师长和警卫员来到竹港闸边的方玉坤家。方家也是灶民，他家拥有丁溪场最东边的一块盐场。涨潮时，潮水几乎可以涨到场边，只是场边有土围子挡着，才没有被淹没。

方玉坤比邹春善小很多，但他们之间在生意上多有接触，见邹春善领着两个新四军的人一起过来，非常热情地置酒备饭，拉家常谈情况，直至深夜。

这一夜，他们三人就在方玉坤家借宿，第二天一早，用好早餐后又继续出发。临走时警卫员小张按规矩给方家付伙食费，方玉坤连连摆手："邹老爹是我朋友，能来我家是看得起我，哪有朋友上门吃顿饭还收钱的道理，快收起来吧。"

粟师长接过话茬："吃饭给钱是我们新四军的规矩，我们可不敢破，你还是收下吧。"

邹春善也上前打圆场："新四军不拿群众一针一线，我们是知道的。"

"方老弟，你也别太客气，就收一块钱吧。"邹春善说着从警卫员手中拿出一块银圆硬是塞给了方玉坤。

邹春善陪粟师长跑了一天，聊了一路，却始终不知道眼前的人就是大名鼎鼎的粟裕师长。

在行走过程中，他禁不住竖起大拇指夸起了粟师长："你这个参谋当得不错，做事认真细致没话说，守规矩同样一点不含糊。新四军真的了不起。"

粟师长见邹春善不认识自己，也不解释，只说："讲规矩守纪律，是我们人民军队的胜利之本！"

三人很快来到川东闸附近，粟师长问脚下的这片草地叫什么地名，邹春善告诉师长："西边是通济公司的董家舍，东边靠海的草地，有四块盐场子叫四灶户，分别是方玉坤、包九、纪矮子、潘金泽四家，这里距离竹港闸直行只有八九里，沿牛车路走十多里路。川东向东五六里有个鱼舍，舍主叫王双林，人称双林舍。鱼舍墩子上住有四户渔民，门前晒满渔网，川东港里有七八条捕鱼的海船，川东闸向西南三里路有一座龙王庙。三个人边走边谈，粟师长不时停下，四周察看，掏出笔记本画画记记，并禁不住夸赞邹老爹对地形的熟悉，说邹老真爹是一幅活地图。

粟师长又问邹老爹："这座庙为什么叫龙王庙，这里还有其他名称吗？"

邹春善告知，这里之所以叫龙王庙，是往来渔民出海捕捞风险大，为祈求海龙王保佑，出海之前，渔民们大多要经此地烧香拜佛，祈求平安。

"这里的地名叫枯树洋。相传很早很早以前，这里涨潮时还是一片汪洋。有一年退潮后，海滩上留下一棵巨大的枯树，东台西溪有人出海到这里发现了这棵枯树，感觉木质不错，就想弄回去做家具。他们请来十多个人，用绳子扣住，往上游拉，这一拉树干直立了起来，而根部却深扎土中，并越拉越沉，尽管这十多人费了九牛二虎之力，树根硬是纹丝不动。当时人迷信，认为这是海龙王送来的宝树，一定不能动。后来他们就在枯树附近砌了座龙王庙，既是对这个大树的纪念，也表示对龙王的感谢。沧海桑田，现在这里早就变成了绿洲，枯树也早已不复存在，但龙王庙和地名却留下了。"邹春善如数家珍。

"好故事，好地方，好名字。"粟师长接连夸了三个"好"。

三人继续向南前行，先后来到吴家洼、何垛港、大吉盐场，最后来到东台港。粟师长见这里港深流急，就表示，再往南地形地貌都勘察过多次，情况熟悉，就不要过港了。于是三人又回到大吉盐场借宿，第二天一早再回到龙王庙。粟师长对龙王庙周边的地形、住户情况进行了解，还与庄上的王姓主人攀谈了许久，详细了解当地人的生产生活和风俗习性等。

之后他们返回了谦和仓，粟师长对三天的勘察情况进行了汇总，将笔记本上的地图草稿进行斟酌完善，形成了规范的沿海地形图。

与此同时，粟师长还着手部署，将原来建在谦和仓附近三乐仓的枪械所，搬迁到枯树洋龙王庙，改名为第一师兵工厂。又将一师野战医院，从北灶大沟子一带搬迁到川东闸以南的王旭东家，还在龙王庙前草地上建起了土坯草顶的一师被服厂，从而改变了新四军一师、苏中党政机关及后勤供给过度集中，万一敌情来临时搬迁困难的格局。

勘察回来后，粟师长要求一师后勤弄一顿好吃的招待邹春善，感谢他这几天来对勘察工作的支持和帮助。粟师长和相关领导亲自作陪，闲谈中，邹春善这才得悉，与自己一路同行三天的首长，根本就不是什么参谋，而是大名鼎鼎的粟裕师长，内心不禁感慨："共产党、新四军就是不一样，不管官位多高，都能与百姓融在一体。这样的队伍不打胜仗，天地都不容。"

邹春善情不自禁地端起酒杯站起来敬粟师长，粟裕赶紧让邹老坐下："您老是前辈，您给我们这么多的帮助，我们都应该敬你才是。"

三天的芦荡勘察，对第一师后期发展和一旦需要紧急转移等行动都具有着重要的意义，同时也在邹春善心里产生了深远的影响，后来，他还把这三天的情况，绘声绘色地告诉了自己的家人和左邻右舍。"粟师长那么大的官，一点架子都没有。"

"你说，共产党能不得天下吗？"邹老爹说。

作于 2024 年 5 月 18 日

西团镇上的"阿庆嫂"

◇ 仓显

这是一个真实的故事。

故事发生在 1947 年 1 月 23 日，也就是农历大年初二。历经浩劫的西团镇的人们，心情似乎轻松了一些，因为驻在西团的"中央军"和还乡团都在除夕悄悄地撤走了。这个消息不翼而飞，人们奔走相告，相见时都按传统的方式相互"恭贺新禧"。这天，海泉茶馆的老板娘周玉珍也是喜上眉梢，迎着晨雾，打扫庭院，引火开炉。

"叭！""叭！""叭叭叭！"一阵阵急促的枪声，由远而近，划破了宁静的晨空，街上的行人顿时紧张起来。枪声告诉人们，大祸将又一次降临在西团镇。老板娘周玉珍同样以不安的心情向四面眺望。

这时，晨雾已近消失，心明眼亮的周玉珍一眼望见，在街西头拐弯处有一人急速地向茶馆方向跑来，从他那紧张的神色看，就知道后面有人在追赶他。

原来被追赶的是新胜乡乡长沈宽安，他是在中共西团区代理区委书记刘学忠的带领下，今晨自南阳镇附近来西团的。然而，出乎意料的是他们与从白驹来的还乡团遭遇了，刘学忠遭敌人伏击而不幸牺牲。为了摆脱敌人，沈宽安连拐了几个弯之后，突然出现在海泉茶馆的门口。是继续向前，还是躲进茶馆？他犹豫了，因为他不知道茶馆的主人是好人还是坏人。再说周玉珍虽不认识沈宽安，但她知道这是我们的革命同志，时间不允许她作更多的考虑，朴素的阶级感情给她以智慧和力量，她连忙把沈宽安拉进茶馆，然后迅速地把火灶后面草垛拉开，让沈宽安躲进去，再用草盖好。

这时，敌人一面追我区乡干部，一面沿街搜索，大街小巷鸡犬不宁。周玉珍连忙赶到门外，迎面遇见了国民党还乡团西团大队大队长袁俊杰。

袁俊杰在西团镇原是"鱼、肉、草、米"四大少的首领，年轻时在西团开过草行，是名副其实的"西团通"。而周玉珍夫妇早在抗日战争时期就在西团开茶馆，因为夫妇俩为人厚道，烹调手艺超群，所以，地头蛇袁俊杰也时常光顾海泉茶馆，他早就认识这位老板娘。

　　"袁大少光临，请吃早茶！"周玉珍满脸笑容而又十分安详地说。

　　"你看见'共匪'吗？我们追赶他，拐个弯突然不见了。"袁俊杰迫不及待地问道。

　　"啊！'共匪'？好像有一个，过去了。"周玉珍说着，用手向东一指。

　　地头蛇袁俊杰十分清楚，站在面前的周玉珍并不是共产党员，也不是什么积极分子，是地地道道的海泉茶馆老板娘。但他又仿佛感到那个"共匪"就藏在茶馆里，所以对周玉珍"过去了"的说法半信半疑。

　　袁俊杰确实是个老奸巨猾的家伙，他立即兵分两路，他自己带一部分人向东搜索，又留下两个喽啰搜查、监视茶馆。

　　话说这两个还乡团员，因"军令"在身，岂敢怠慢，于是便在屋里翻箱倒柜地搜查起来，衣服被褥，满地狼藉……这时躲在草堆里的沈宽安清楚地知道还乡团在这里为非作歹，心急如焚，怒火中烧。凭他那股虎劲，如果突然从草堆中冲出来，一定可以制服这两个家伙。但他又想到，这在群众的家里，如果消灭了这两个敌人，袁俊杰岂能与茶馆罢休……

　　不说沈宽安在草堆中心中矛盾重重，再说周玉珍一见这架势，心想如果时间一长，势必露馅，其结果不堪设想。正当周玉珍想方设法把这两个还乡团员支走时，真是无巧不成书，我区队和还乡团接火了，街上的枪声越来越紧。两名伪军不敢久留，匆匆地离开了海泉茶馆，向他的主子报告去了。

　　周玉珍见两名伪军走远之后，又向四周扫视了一下，家家关门闭户，行人销声匿迹。停一会儿，枪声消失了。还乡团怕等久了要吃亏，就灰溜溜地逃回白驹了。在一阵刀光剑影之后，街上益发显得怕人的寂静。周玉珍连忙来到茶馆内的草堆旁，示意要沈宽安出来。

沈宽安面对这位老练的老板娘，心中感谢莫名。她是那么陌生，到现在还不知道她的姓名；她是那么熟悉，有多少群众就像她这样掩护我们的同志。沈宽安越想感激心情越难于言表，不知不觉地从口袋里拿出身上仅有的两块银圆，塞给孩子。这时，只见周玉珍善良的目光中包含着几分愠色，沈宽安只好把银圆放回口袋。

　　故事讲到这里似乎已经结束。不，它还有一个响亮的结尾：周玉珍在对敌斗争中，曾多次救过我们的同志。有一次，北团乡乡长季自永同志腿部受伤，留下一路血迹，在她的指点下，摆脱了追赶他的敌人而脱险；还有一次，扫荡的敌人突然闯进西团镇，身患重病发高烧的邓德昌同志躺在家里十分危险，周玉珍马上找来小船，护送出境，使其转危为安……

　　解放后，海泉茶馆老板娘周玉珍一直在西团镇生活，安度晚年。人们都称她是咱们西团镇上的"阿庆嫂"。

（本文摘自中共党史出版社2014年8月出版的《新四军与大丰》）

永远的战地玫瑰

◇ 刘立云

  1945年11月3日—1946年4月19日，是"苏中公学"在我台北县办学时期，共历时五个半月。在我台北县革命史和教育史上，留下了光辉的一页。

  抗战后期，根据苏中军区党委决定，"苏中公学"由中国人民抗日军政大学第九分校，在宝应县曹甸镇金吾庄改建而成，于1944年6月1日正式开学。新四军一师师长粟裕兼任校长，苏中行署主任管文蔚兼任副校长，新四军第一师一旅旅长张藩任专职副校长，夏征农任教育长。共办了五期，每期学制6个月，学习内容除了有军事理论、战争知识，还有政治、哲学、文化等，教育长夏征农经常亲自授课。先后为军队和地方，培养输送了4000多名知识型干部。1945年8月，夏征农任校长。1946年5月，该校与"雪枫大学"及"苏浙军区随营学校"合并，成立"华中雪枫大学"。新中国成立后，更名为声名显赫的"中国人民解放军陆军指挥学院"。

  "苏中公学"在台北县办学时，共分为6个大队，有1500多名学员。当时，台北县的所在地大中集，也只有居民1000余户，5000多人。故大中集就成了苏中解放区的文化名城。

  "苏中公学"沿用了抗大"团结、紧张、严肃、活泼"的校风，每天出操、上课、讨论、唱歌。教员与学员同吃、同住、同训练、同劳动。课余时，还经常进街入户，帮助老百姓担水、推磨、打扫卫生，人人精神抖擞，士气非常高昂。学员们分别驻扎在二卯西河南岸边上的同乐楼（今"丰收时节"雕塑东侧约50米处），以及河北拥有20余间库房的张荣山粮行（今台北饭店处）。还有一小部分学员，分别借住在东马路老百姓家的柴房或磨坊里。每当清晨，朝霞映红了东方的天际，大中集上空就响起了嘹亮的歌声：

苏公是春天，

苏公是母亲，

苏中的青年们，

奔向她的怀抱。

春天的阳光清醒了头脑，

母亲的手掌揩净了面貌，

肩上的包袱快快要摔掉。

为了在明朝，

我们像火箭奔向四面八方……

这首有着万丈豪情的《苏公进行曲》，是全体学员每天出操时必唱的歌曲，歌声在蔚蓝的天空随风飘荡，给大中集带来了前所未有的勃勃生机。

分别借住在东马路七八户老百姓家的学员中，有一位名叫历传江的教员，年方二十有五。他出生于泰州一个书香之家，后在扬州一所师范学校读书。震惊中外的皖南事变发生后，他看清了国民党顽固派同室操戈的丑恶面目，怀着一腔热血，毅然决然投笔从戎，参加了由共产党领导的新四军。历传江长得眉清目秀，相貌堂堂，在求学期间不但阅读了大量马列和毛主席的文章，而且对中国古典名著也烂熟于心，并写得一手遒劲潇洒的板书。"苏中公学"从兴化沙沟迁至台北县前，他是新四军第一师独立二团的文化教员，后被爱才如命的校长夏征农看中，调他到"苏中公学"第五期6大队任教员，并兼任分管生活的副大队长。

历传江和二十余名学员一同借住在一户沈姓的商人家里，沈老板以卖日用杂货及布匹为生，家庭经济较为殷实。他忠厚老实，守法经营，且思想开明，喜欢施行善举。沈家夫妇共生二女，大女沈文梅已远嫁在外，次女沈文兰在家守候父母，并帮助父亲打理生意。文兰时年22岁，早年就读于东台县中，在学校参加了共产党外围组织，受到进步思想的熏陶，后因战乱辍学。日本侵华战争，使她清醒地认识到依靠什么力量，才能救国救民的道理。在此三年前，她担任了大中地区抗日妇救会副会长，经常活跃在街道和乡村，为唤醒更多的民众团结起来奋勇抗日而奔波。

历传江一行人在东马路安营后不久，就与沈家建立了非常融洽的军民关系。学员们一有空闲，就包揽了沈家及其他老百姓家里的重体力活，将沈家和附近街坊打理得井井有条。每到夜晚，沈家不但准备好充足的茶水，还用极其珍贵的煤油，在堂屋多点一盏马灯，供学员们讨论白天的课程、书写心得笔记。文兰姑娘一有空闲，不是帮助学员们缝补衣服，就是划着一只小舢板在二卯酉河张网捕鱼捞虾，或者干脆跳入冰冷刺骨的河里，沿着河堤摸螺蛳、摸蚬子，送到食堂为学员们改善伙食。历教员对清纯秀丽，而又不失飒爽英姿的文兰姑娘心生好感。沈文兰也对这个满腹经纶、博古通今的书生表现出无比爱慕，经常与历传江讨论《新青年》《湘江评论》《前哨》等刊物上相关文章和国家大事，一起憧憬着美好的未来。志趣相投的两人，大有相见恨晚之意。

然而，部队铁的纪律和严酷的现实环境，绝不允许他们在花前月下卿卿我我诉说衷肠，他们只能彼此将各自的真爱深深地埋藏在心中。

1946年，国民党反动派断然撕毁和谈协定，挑起全面内战，时局开始变得严峻起来。"苏中公学"第五期全体师生于4月19日，奉命向宝应县氾水镇转移。开拔前，文兰双眼噙满了泪水，将一块绣着垂柳下面两只春燕展翅飞向云空的手帕，塞入历传江的上衣口袋里，羞涩且又坚定地说道："绣得不怎么好，留着做个念想吧，革命胜利后，我在大中集等你……"

其实，有着敏锐洞察力的夏征农校长，早就揣摩出这对年轻人的心思。有一天，在开完干部生活会后，夏校长特意留下历传江，单独与他谈心，委婉地问道："你有没有同那房东家的文兰姑娘把终身大事说定了呀？"历传江马上涨红着脸回答："报告首长，我们之间确实都想等待花好月圆的那一天。不过呢，我又认真考虑过，万一哪天我吃上了一颗'花生米'，为革命而献躯，那不害得人家白白等我一场……"夏校长笑道："那就等革命成功了，我为你们做'月下老人'。"

1946年11月，国民党顽军第65师和整编第67师分别从东台县向北进犯丁溪、草堰等地，妄图对我台北县进行大扫荡。沈文兰受上级派遣，装扮成农村妇女，星夜兼程赶往白驹，向我守卫在那里的主力部队及游击队传达大反攻的作战准备。由于叛徒出卖，在完成任务后，返程至狮子口村以北约二里路时，沈文兰不幸被追赶而来的还乡团抓捕。敌人对她用尽了各种酷刑，逼她说出我军大反攻的计划，却未从她嘴里掏出一个字来。气急败坏的还乡团头子无计可施，就在狮子口村附近挖了一个大坑，将沈文兰与前一天被抓的当地4名民兵干部全部活埋。

就义前，沈文兰被五花大绑押往刑场。但她大义凛然，面部毫无惧色，一边大声痛斥国民党反动派破坏和平，发动内战，倒行逆施的罪行，一边从容不迫地跳进泥坑，并且高呼：

中国共产党万岁！
英勇的新四军、八路军万岁！
胜利一定属于人民！
传江，我深深地爱——

话未落音，五六个凶狠的刽子手就挥舞着手中的铁锹，如暴雨般的泥土，便覆盖了这位革命女战士的声音……

沈文兰壮烈牺牲后，因解放战争敌后斗争异常残酷，通信曾一度中断。直至1949年渡江战役打响前夕，解放全中国胜利在望时，历传江才迟迟得到噩耗。他悲痛欲绝、肝肠寸断，泪流满面地疾书七绝一首：

黎明之光照华夏，
正当玫瑰展奇葩。

阳春与之失臂过，

吾将热泪浇开她。

1952年，一个阳光明媚的春天，历传江专程来到了沈文兰等5位烈士当年遇害处，也就是被当地人称为"五人塘"的地方，亲手栽下了一株意义非同寻常的红玫瑰。

从此，每当春天来到时，"五人塘"烈士纪念碑前就盛开着一簇簇鲜红鲜红如火一般的玫瑰花，这些花儿争奇斗艳，开得热烈，经年不衰。这表达着这5名烈士中，有一位是为了中国人民解放事业而牺牲却未能享尽纯真甜蜜爱情的美丽姑娘，寄托着有一个曾经的红色恋人，对她怀着无限而又深深的思念。同时，这如火似焰的红玫瑰花儿，又象征着我们的红色江山，千秋万代永不变色！

如果你到白驹狮子口参观新四军和八路军会师纪念馆，千万不要忘记去附近的"五人塘"，谒拜这位沉睡在玫瑰花丛下，心中怀着崇高信仰，英勇不屈，奉献出青春的革命女战士……

作于2024年4月22日

异地他乡埋忠骨　守贞英名永传扬

◇ 朱明贵

　　1943年8月10日，时任新四军台北县独立团政治处主任的郭守贞率领独立团一连战士，参加完军分区八一比武大会，载誉而归，赶回设在"大圩头子"（今南阳镇祥南村）的新四军独立团部。

　　比武回来的路上，郭守贞显得很激动，不仅仅是因为比武获奖，更令他高兴的是，同在台北独立团担任卫生员的一位美丽姑娘，此刻正在"翘首以盼新郎归"哩。

　　这位姑娘名叫朱瑛，在战斗的艰苦岁月中与从排长、连长、营长一路屡建战功而升任独立团政治处主任的郭守贞相识、相知，并建立起真挚恋情。

　　由于敌我交战不断，迂回迁移频繁，已经29岁的郭守贞与朱瑛的婚期只得一拖再拖。胸怀"打败日伪军，解放全中国"壮志的郭守贞深感对不起朱瑛，然而意欲表露歉意时，却被深明大义的朱瑛"挡"回。作为走出家乡、融入救国大军队伍的她何尝不是与郭守贞志同道合。

　　1943年春夏时节，苏北战事似有趋缓之势，大家催促他俩早日完婚。而就在这时，军区首长提出抓住时机开展大练兵，并决定8月上旬借助纪念庆祝八一建军节组织军区比武大会，以进一步提升将士战斗战术能力水平。

　　集训练兵命令一下达，身为政治处主任的郭守贞自告奋勇挑起选兵参赛的担子。他在指导全团上下做好全员集训的同时，还挑选出相当于一个连的兵力突击进行强化训练，代表独立团参加比武大会。带兵操练忙得不可开交的郭守贞与朱瑛商定，婚事服从战事，比武大会一结束，他俩就结婚。婚事与比武获胜共贺同庆，大喜的日子就定在1943年8月10日。出征比武那天，郭守贞撂下一句"比武回来结婚，不迟"，便雄赳赳气昂昂地带兵南下三仓而去。团长彭寿生、新娘朱瑛以及战友们一起因陋就简布置新婚房间，备好喜酒，只等新郎凯旋。

话说10日这天晌午时分，满怀胜利喜悦返回的郭守贞和战士们刚刚行至何垛河（今川东港）边大桥街西与沈灶交界的殷家灶时，当地一老百姓上来密报称，有百余日伪军分乘6条据说是装运修筑碉堡使用的砖块砂石等建材的民船，很可能是从东台顺何垛河开往潘丿方向，马上将经过殷家灶。

听到情报，郭守贞即刻作出判断。虽然他们刚刚完成比武尚在归途，虽然上级也没有下达让他们遇敌打击的指令，更没有去不远处的团部，还有新娘"洞房"期盼和战友们的庆功迎候。因为他明白，沈灶、大桥、潘丿是苏北平原与东海沿线军事要地，如果敌人在这些要塞部位布下据点，对今后我军顺利拿下这片战区，赢得苏中苏北解放极为不利。身为救国战士，不能视而不见，让鬼子阴谋得逞。他与指导员鲍志平、连长刘玉壮紧急商议，在评估兵力数量后，决定出其不意，伏击这支船队，并将临时指挥所设在岸边一土地庙里，随后察看沿河有利地形，命令战士在河岸的玉米地和芦苇荡里埋伏待战。

片刻后，西边果然先行驶来3条民船。这3条船上全部为伪军，日本鬼子则可能是在后面3条船上。因为何垛河流经殷家灶土地庙段有一个弯子，只听其声不见其船，形成了视觉盲点。屏住呼吸的郭守贞和战士们见3条船进入伏击圈，便突然跃起大喊一声"给我狠狠地打！"霎时，子弹、手榴弹从两岸各个掩蔽点投向了敌船，3条船很快着火，被击破的船体进水沉没，伪军死的死，伤的伤，落水的落水，何垛河上枪弹声震彻四方。伪军被这场突如其来的打击吓得魂飞魄散，有的尸沉水底，有的如旱鸭子落水扑棱着大叫救命。

就在前面战斗正酣时，后面3条船上的日军判定前船遇袭，马上与前船拉开距离，一批日本鬼子带上枪支弹药，趁我军不备，登岸后从战点外围包抄到我军临时指挥所附近并举枪射击，投掷榴弹。正在指挥部队与敌人正面对战的郭守贞突然背后枪声响起，他立刻命令其他人卧倒，而一颗子弹却击中他的胸部，顿时上半身军衣一片殷红，倒在了何垛河边。

鲍志平、刘玉壮等继续坚持指挥战斗。随后不久，鲍志平也壮烈牺牲。战斗结束后，刘玉壮等在地方贤士帮助下，含悲忍痛将郭守贞、鲍志平收殓入棺，并请来民夫，先行将郭守贞、鲍志平的两口棺材抬运到海洋乡（今小海镇）明理堂的台北县临时县公署所在地。此后，另外6位牺牲战士的灵柩相继辗转运抵明理堂安厝，只有郭守贞烈士的灵柩，因上面有指示而停置于明理堂一侧的六角亭内供人瞻仰。

英雄牺牲后，台北县在明理堂建造革命烈士纪念塔，并于1944年8月20日举行隆重的纪念塔落成典礼暨郭守贞等英烈安葬祭奠仪式。台北县独立团彭寿生团长亲自带领战士掘土奠基，县长杨天华亲笔题写的墓志铭文被镌刻在一方巨大石碑上。仪式上县长杨天华庄重宣布，为表彰和铭记郭守贞烈士的英勇壮举，将原海洋乡的彭家、杨树和红星等紧邻明理堂烈士安葬地的村落，统一命名为"守贞村"。据参加过渡江战役、抗美援朝，后曾担任多年地方干部，现龄92岁的抗战老兵单树春和91岁的当地居民彭保存回忆，命名、祭奠及安葬仪式非常隆重而庄严，郭守贞烈士祭奠仪式上，出现了继承先烈遗志，积极报名参军的盛大场面，整个海洋乡及周边赶来的有志青年现场报名参军的竟然有好几百个，他们从此走上了报国救民求解放的道路。

郭守贞的牺牲在整个苏区影响极大，其精神成为激励将士们杀敌报国，英勇战斗的巨大动力。时任苏中地委书记的陈时夫，称赞郭守贞为"十年的老布尔什维克"，是"经过十二年革命大熔炉里锻炼出的一块纯钢"！

大丰区党史、地方史专家陈海云老先生回忆，郭守贞出生于江西兴国山区一贫苦家庭，只读了两年书后就因母亲病重无钱医治而辍学，靠帮人家放牛并随父学做裁缝为生。红军到达兴国县后，心仪红军志向党的郭守贞先加入当地的反帝大同盟组织，接着又参加共产主义青年团。年底，他如愿以偿加入中国工农红军并成为红军兴国县游击队队员。不久，这支勇敢善战的游击队伍升编为湘赣军区红5团。到了1934年10月，红军主力战略转移，郭守贞所在红5团奉命转移至赣南山区打游击。在敌人的重重封锁下，游击队常常缺盐断粮，郭守贞同战友们一起在敌人搜山的空隙，靠挖野菜充饥，与敌周旋，顽强斗争。3年艰苦卓绝的游击战争，出生入死，与战友们一道，练就了一身钢铁般的革命意志与献身国家民族的大无畏精神。

1982年，盐城市教育局委托原大丰县教育局，邀请雕塑名匠郑瑞祥塑造了一尊郭守贞半身像，安放于明理堂旧址守贞公墓，供师生瞻仰。而原海洋红星小学以及校前河道也早早被命名为"守贞小学""守贞河"。更令人欣慰的是，安息着郭守贞烈士的明理堂旧址守贞公墓，一直是市、县（区）、镇爱国主义和革命传统教育基地，无数党员干部、青少年学生在这里接受过爱国主义教育、红色基因熏陶。

作于2021年3月20日

一封珍贵的来信

◇ 江兴林

"练国成同志：你好！在西团新中村匆匆相见又匆匆分别已一个多月了！这次到苏北专程拜访你们，是我离开苏北以来最大的夙愿。承地方政府相助，终于找到了你们！虽然当时的练家墩子已不在了，练毓仁、练毓湖两位老人也已不在人世，但看到你们一家人的幸福生活，我们仍然十分高兴。可惜日程安排得太紧，不能多停留些时间，甚觉惋惜！但愿以后还能相见……"

1987年8月30日上午，西团镇新中村的练国成老人坐在自家院子里，一遍又一遍地听着他刚上初中的孙子读着这封来自北京的回信。听着听着，老人渐渐湿了眼眶；听着听着，老人仿佛又回到了四十多年前那个战火纷飞的年代。

1943年的一个春寒料峭的夜里，我们一家人刚吃好晚饭。"笃，笃，笃。"寂静的夜空里，这三下已经很小的敲门声仍然显得分外悦耳。警觉的父亲透过院子门缝看见敲门的是堂叔，才悄悄地打开了院门。堂叔在院门口和父亲嘀咕了几句后，我们就看到，四个陌生的男人在堂叔的带领下，径直走进了西屋。

"天色不早了！你们赶紧睡吧！孩他娘，你去西屋一下！"父亲来不及帮我们解开种种疑团，就带着母亲去西屋了。

第二天，天刚麻麻亮，我们就隐约听到有人在堂屋里走来走去。揉着惺忪的眼睛起来一看，是昨晚四个陌生人中的两人，在搬东厢房里唯一的一张绷子床。这张绷子床可是我们家的宝贝哩，为什么要搬走？

"现在大家都在这儿，我有几件事要跟你们交代一下，一是西屋借给很重要的客人住了，你们没事不要往西屋去。国成家孩子还小，要管好孩子；二是家里有客人来住的情况，千万不要告诉外人；三是要留意有没有生面孔在附近转，如果有，赶快告诉我。我交代的这几点，你们一定要记住啊！"

父亲的话不仅让我知道了绷子床的去处，也让我隐隐约约地感觉到了西屋客人身份的不同寻常。从那以后，父亲进出家门都很小心。夜深人静时，还会有人来看望西屋的客人。

那段日子，父亲经常为住在西屋客人的饭食发愁。三四月份正是青黄不接的春荒时节，我们家因为有个当保长的父亲，条件相对还好些，但也只能依靠各种粗粮勉强度日。现在家里来了客人，身体也似乎不太好，没有营养哪能行？

一天，父亲背回来一小袋白米！母亲高兴极了，早晚各抓一小把白米，熬粥端给西屋的客人。而我们全家人，却喝着稀得能照得见人脸的糁子粥。中午，母亲会在粗粮饭里插一碗白米饭，老母鸡生的蛋也都用在客人的营养上。父亲还时不时地买一小块猪肝回来给客人开小灶，这些稍好一些的饭菜，连父亲最疼爱的孙子也吃不到一口。

当时，驻扎在镇里的伪军经常下乡扫荡，形势十分严峻。父亲因为有保长身份作掩护，倒也没人上门盘问。但伪军的不断骚扰，却让客人的治疗和营养成了问题。幸好天气渐渐暖和起来，父亲便指使我和弟弟，每天都要去捕鱼钓虾，给客人改善伙食。现在回想起来，我捕鱼的爱好和本领，就是那时培养出来的。

在我们全家的悉心照顾下，神秘的客人能下床了，能到院子里和我们亲切地聊天了，有时也会走出家门和周围的老百姓拉拉家常。尽管客人的穿着和我们差不多，但我总觉得他的眉宇间自带一股英气和正气。

后来，又有一位神秘的女客人也经常来西屋小住。女客人来的时候，我们就会多捕些鱼虾回来，因为母亲告诉我们，她怀孕了！

不知不觉中，神秘的客人已成为我们家的重要成员。他们在西屋讨论事情时，有时也不再瞒着我们了。

最让我们感动的是那个伏天里，我儿子不小心生了一种怪病，村里的土方怎么也治不好，是这位神秘的客人写了一张纸条，让我带儿子到驻杨家墩子的部队团部卫生队去治疗，这才治好了儿子的病。

信里最后写道：

> 你希望我找机会再到你家住几天，畅叙往事。我当然也有这个心愿，但你我毕竟年龄都大了，这样的机会不容易了……我们都已步入老年，望你多保重！祝你阖家幸福！

冯伯华　张西蕾

1987.8.23

原来，这两位神秘的客人就是当年新四军第一师司令部侦察科长冯伯华同志和她的爱人——时任西渣区委书记张西蕾同志。冯科长因为染上肺结核，组织上安排他到西团镇新中村开明绅士练毓仁家休养，一面调理身体，一面继续从事情报工作。通过大半年的相处，冯科长和练家墩子的老百姓建立了深厚的鱼水情谊。

四十多年后的1987年，从国家化工部重要岗位上退休的两位领导，特地回到西团镇新中村拜访练国成全家。回京后，两位领导又给练国成老人寄来了这样一封情谊绵长的书信。

这封珍贵的来信，把我们带回八十多年前那段难忘的光辉岁月；这封珍贵的来信，续写了人民军队和人民群众绵延不尽的深情厚谊。正如练国成老人所说，今天的新中村，将在鲜红的底色上涂抹上产业大兴旺、生态环境好、特色文化强、乡村治理佳等更加鲜艳夺目的色彩。这些亮丽的色彩，将使新中村成为盐阜老区乡村振兴的一面崭新的旗帜。

作于2024年5月26日

一碗鸡汤引发的故事

◇ 卢群

皖南事变后，粟裕任新四军一师师长兼苏中军区司令员，在东台、大丰一带抗击日寇，建立抗日根据地。

那个时候，部队频繁作战、频繁转移，后勤补给跟不上，战士们常常吃了上顿没下顿。粟裕跟战士们一起吃饭，一起战斗，肚子也是饥一顿饱一顿的。经年辛劳，粟裕患上了胃病，脸色蜡黄蜡黄，体质大不如前。房东心下不忍，就将唯一的一只下蛋鸡杀了。房东知道，粟裕爱民如子，从不拿群众一针一线，为了不被发觉，就把鸡肉拣出来，用鸡汤给他下了碗面条。粟裕还是发觉了，追问鸡汤从何而来，房东灵机一动，说是捕获的一只野鸡。

房东的下蛋鸡，每次下完蛋都满院子"咯咯咯"地报喜，几日听不到"咯咯咯"的欢叫声，粟裕心下疑惑，就把通讯员喊来询问究竟。通讯员不敢隐瞒，只得说出实情。粟裕随即拿上正在使用的一条毛毯，给房东送过去。

"不行不行，毛毯给了我，您盖什么？"房东连连摇手。

粟裕笑道："别担心，日本人会及时补给我的。"

"首长，一只鸡值不了这许多。"

"收下吧，一只鸡是值不了多少钱，但咱们的军民情谊，却是无价的啊。"

回到房间，粟裕久久不能平静。

大丰地处黄海之滨，土壤贫瘠，再加上日寇的疯狂掠夺，老百姓日子很不好过。可是尽管如此，新四军所到之处，仍然得到了人民群众的无私援助和大力支持。然而我们中的一些人，并没有意识到当前的困难处境，生活不够节俭，个别人甚至装上了金牙，戴上了金戒指，这种情况如不加以遏制，势必会冷了老百姓的心。

第二天，粟裕专门召开了一次干部会议，对这一不良现象进行批评教育。

粟裕指着自己的嘴巴说："我们有些同志，牙齿好好的，却要装上一颗金牙。装了金牙后，见人就喜欢说'今天我请你吃韭菜炒干丝'。为什么这么说呢？因为一说'韭菜炒干丝'，就会露出大金牙，别人就会看到，他有多么的美！"

"哈哈哈哈。"会场上笑声一片。

粟裕接着又说："还有的同志爱戴金戒指，你们知道金戒指是谁发明的吗？"

"是，是……"大家你看看我，我看看你，没一个回答得出。

粟裕笑道："是杨贵妃发明的。杨贵妃人长得很漂亮，手指上却有个疤痕。为了掩盖这一缺陷，只得用一个金箍子遮掩着，这就是金戒指的来历。你们戴上金戒指，是不是手上也有疤痕啊？"

"哈哈哈哈！"会场上又是一阵哄然大笑。

粟裕用炯炯有神的目光扫视会场一周，继续说道："前天，有个同志申请买一支派克笔，说是学习文化用，我没有批准。我认为文化学得好不好，与有没有派克笔没一点关系。古代有个和尚叫怀素，他从小就喜欢写字，但是家里穷，买不起纸和墨，只好以木板为纸、河水为墨，蘸着水在木板上写字。久而久之，终于练出了一手好字。我今天把你们找来，就是告诉你们，只要我们认真执行党中央和毛主席的指示，密切联系群众，艰苦奋斗，勤俭节约，就能得到群众的拥护和爱戴，就能守住疆土，将日本人赶出中国去！"

"粟司令，您讲得太好了，咱们是人民的军队，什么时候都不能脱离群众。"

"粟司令，您给我们上了生动的一课，回去后我们就召开会议，将您的话传达给每一位指战员。"

"粟司令，今天的会议，对苏中抗日根据地艰苦奋斗作风的养成，有着极其重要的意义！"

"粟司令，我们会根据您的要求制定一个廉政措施，用以约束指战员的行为。"

…………

望着大家的一脸真诚，粟裕高兴地说："对！这才像人民的干部。火车跑得快，全靠车头带。咱们只要身先士卒，时刻把百姓的利益放在心中，就一定能带出一支战无不胜的队伍来。"

翌日清晨，通讯员递给粟司令一个纸包，打开一看，几枚牙套和戒指，闪耀着的金色光辉。金色的光辉，照亮了共产党领导的军队艰苦朴素、和衷共济的革命征程。

（本文刊发于 2020 年 5 月 25 日《淦河文学》）

小涛涛出生记

◇ 邹迎柯　李宏俊

1943年，国际反法西斯斗争形势发生了根本性的变化。德国法西斯开始垂死挣扎，日本侵略者也调整战略，在其控制区大力强化伪军武装，控制伪政权，并将侵略重点从苏南转向苏中根据地，疯狂掠夺物力、财力，妄图达到"以华制华""以战养战"的目的。

面对日趋严酷的斗争形势，苏中党委根据华中党委和新四军军部发出"一切工作为了坚持原地斗争，保存有生力量"的号召。为帮助各分区实现精兵简政，强化党的绝对领导，彻底粉碎日寇"清剿""清乡"阴谋，苏中党委负责人做了分工，粟裕到四分区，管文蔚就地负责二分区，陈丕显到一、三分区，领导各分区坚持敌后斗争，牵制并打击敌人。

1944年冬，斗争形势进一步紧张，就在反"清乡"、反"扫荡"斗争十分激烈的关键时期，副书记陈丕显的妻子谢志成已到临产期。苏中党委秘书长曾一凡打电报告知陈丕显。陈丕显回电报表示，斗争形势很紧张，实在回不来，妻子临产，请留守同志会同乡亲们帮助照看。

就在此时，苏中党委接到情报，驻东台伪军将对台北地区进行大规模扫荡，苏中党委及二分区党政机关必须紧急转移，同时必须做好群众的疏散和转移工作。

情报就是命令，苏中行署主任管文蔚随即部署机关和群众转移工作。很快转移工作就开展起来，党政机关轻车简从，仅用一辆牛车载着电台和几箱文件，以及少量桌椅向海边芦苇荡开进。警卫营和机关官兵则全力以赴疏散转移群众。就在此时，已被警卫营战士抬上担架的谢志成肚子有了反应，疼痛不已。一直守护在身边的当地富裕人家的邹老妇人一看便知，这是到了分娩期，转移途中分娩看来是在所难免。这可咋办？女人生养可是性命攸关啊！没有接生婆，后方医院的医护人员又不在身边，形势又这么紧张。情况很快反映到管文蔚那里。管主任亲率群众转移无法分身，就令妻子和一名会计前来照看，并要求她们尽可能请一名接生婆随行。邹老妇人裹着小脚终于从转移的人群中找到了一名接生婆冯大娘。冯大娘得知为新四军领导接生，虽心有胆怯，但形势紧张，她也不敢迟疑，随邹老妇人来到担架边，边跑边了解情况。

上千名群众和部队官兵紧急向海边转移，不时有侦察人员前来报告敌情，"敌人已到潘丿向北，快进入大桥地界""敌人已到大桥以北竹港河边，正在搭建浮桥，准备过河！"形势越来越紧张，转移队伍好不容易在天黑之前赶到八户灶以东的一块盐场。场主赵正桐与邹老妇人相熟，就安排谢志成在赵家生产。谢志成的疼痛一阵紧一阵，冯大娘表示这是要临盆的表现，立即叫战士在赵家烧热水，准备接生。晚上10点，又有敌情报来，敌人已进入北灶朱家庄，正在吃晚饭。12点钟突然听到枪声和手榴弹的爆炸声，转移群众开始骚动。

管文蔚主任立即下达命令，一连、二连、三连各带领二三个村群众分别向竹港闸、青竹山、疆界河以北方向转移。行署机关和警卫继续等谢志成分娩。很快有侦察员来报，刚才枪声和榴弹声是我地方游击连在袭扰敌人，漆黑的夜晚，敌人摸不清情况，不敢近战，只能东放一枪西放一枪给自己壮胆。敌人无法休息，只得连夜向通商方向进发。眼看鬼子就要到草庙小街，距离赵家盐场不到3里路，为安全起见，管主任再次下令所有人员向东北方向过疆界河。疆界河没有桥，河水齐腰深。战士们将老人孩子和妇女背过河，抬担架的战士将担架扛在肩上，送谢志成过河。水寒刺骨，战士们紧咬牙关，屏住呼吸，稳稳地将担架抬过河，来到江淮印钞厂驻地——阮德保家盐场子。此时，印钞厂已提前转移下海，几名妇女和战士再次忙着烧水，准备谢志成分娩。就在大伙忙碌之时，突然枪声再起。侦察员报告，是沿黄海路北进的鬼子为了壮胆开的枪，因黄海路距离阮家村盐场更近，烧水的炊烟很容易把鬼子引来，大家不待命令再次收拾转移。

所有人都凝神静气，不讲话，连脚步都尽量放轻，生怕引来不远处的鬼子。躺在担架上的谢志成肚子疼痛难忍，豆大的汗珠直掉，但她不吭一声。就这样一口气走了5里多路，终于来到青竹山以东的一户灶民管其芳家。好在邹老妇人娘家哥哥袁玉琪与这一带灶民接触较多，人缘很好，与主人接触非常方便。管家人称邹妇人为三姑奶奶。见孕妇即将临盆，管家老小不敢怠慢，立即张罗烧水、接生。水还没烧开，只听冯大娘连声喊："用力、用力……快了快了。""哇"的一声啼哭，让现场所有人悬着的心都落了地。管家人又拿来糯米，让战士熬稀饭给产妇喝，说这样对大人小孩都有好处。现场战士要给钱，管其芳说："都啥时候了，还谈钱的事，保护好产妇和小孩要紧。"战士们没法只得收下糯米熬粥，并将情况报告管主任。

部队干部战士在管家盐场吃好早餐，稍作休整，管主任就过来安排他们分头与分散转移的部队群众联系，产妇留原地静养，管主任妻子和一名卫生员留守，担架战士和接生婆、邹夫人也一同留下。并要求战士们随时注意敌情，有情况立即转移，管主任交代完毕，也随部队出发了。

谢志成等人在管家一待就是5天，其间管家人还为婴儿举行了简易的"洗三"仪式（当地风俗）。第五天早晨，朝霞似锦，海风轻拂，两辆牛车驶进了管家盐场。秘书长曾一凡奉管主任之命，率人赶来，接谢志成和孩子及相关人员回竹港村驻地。

临走之时，邹老妇人拿出5块银圆塞进管其芳手中说："部队有规定，管主任走时再三要求给付这个钱，您一定要收下，几天时间多有打扰，供吃供喝，远不是这点钱能支付得了的。"

管其芳立即把钱推了出去说："三姑奶奶，你们见外了，部队在外奔波为了啥？还不是为咱穷苦人打天下，这么多贵人能落脚我家，是我家的福分，我怎能收部队的钱呢？三姑奶奶你真是把我当外人，看我到时不向你哥告你的状！"说着把钱塞进邹夫人的口袋，要她转达自己对部队首长的谢意，并表示以后只要有需要，随时欢迎部队和战士们前来。

邹夫人见实在拗不过，只得把情况告知曾一凡秘书长，叫他拿主意，曾秘书长拉着管其芳的手说："虽说军民是一家，但部队规定是铁的，这样吧，现在您实在不想收也行，我让地方党组织记下这笔账，将来一定还您。"管其芳表示："说哪里话，以后有需要，只管前来，账不账的别提了。"邹夫人也表示："管家兄弟，我记下您这份情了！"

说着一行人高高兴兴登车返回了驻地。时间过得很快，谢志成满了月子，在乡亲们和邹家婆媳的悉心护理下，母子俩身体都很好，奶水也充足。

满月后不久，陈丕显带着警卫员风尘仆仆赶回来了，看着恢复较好的妻子和胖嘟嘟的婴儿，禁不住喜上眉梢，连声表示："幸亏乡亲们的悉心照料和大伙儿的关心，我们一家永远也忘不了大伙的恩情。"

接着陈丕显又问孩子的名字，谢志成表示："一连奔逃三地，才生下来，邹奶奶给临时叫了个小名——逃逃，你看咋样？"

陈丕显说："这名字好，用谐音，就叫涛涛！波涛的涛！"

邹夫人表示："还是陈书记学问高，逃跑的'逃'确实不好，还是用波涛的'涛'好！"

一番话让夫妇二人都笑了。小涛涛似乎也听懂了，咧开小嘴笑了。

就这样，小涛涛在草庙一直生活到5岁时才离开。

长大后，他取名为陈小津。陈小津，曾任中国船舶工业集团公司总经理、中国海洋石油平台工程公司总经理，研究员级高级工程师。2013年，以老干部身份受聘担任清华大学历史系教授。现年80岁，依然健在。

作于2024年7月5日

一位抗战老兵的无悔人生

◇ 仇育富

2022年秋，有朋友介绍一个参加过抗战的老兵给我，他就是已95岁高龄的新丰镇车滩村村民韦甲元。这位有着74年党龄的老党员，17岁参加游击队，后来参加过淮海战役、渡江战役及其他大小战斗无数次，为中国人民的解放事业奉献了青春年华。

在大丰这片红色热土上有着太多如韦甲元这样的英雄，他们从部队退役之后一生默默无闻，为家乡的建设默默奉献，忠诚于党，却从不向政府提任何个人要求。有幸听说这位老兵的故事，我专程走访了他，觉得有必要将他的一生以简要文字做一记录，以便让我们的后人能够了解这位老人的一生是如何只讲奉献不讲索取的真实故事。

军旅生涯十一载，硝烟战场凯歌还

韦老1928年1月出生在大丰龙堤乡（今新丰镇），17岁加入区中队，跟当地50多名民兵一起打游击，与盘踞在周边的敌人进行周旋。在攻打本地大团土匪圩子攀墙时左手被马刀砍伤，受伤后他顺势滚入沟底方才脱险，后来在小团的一次战斗中右小腿又被子弹击中。1947年他和数十名同乡战友被编入华东野战军，跟随所在部队参加了淮海战役、渡江战役。1948年，服役不到一年，便因作战勇敢被部队特批火线入党。

淮海战役期间，韦甲元担任团部通讯员，他时常冒着敌人的炮火往来于团部和前线，多次与死神擦肩而过。一次为避免飞来的炮弹，他灵活地跳入弹坑，还是不幸被炮弹弹片击中小腹部。1950年10月，他所在的部队开赴朝鲜战场，他因年龄小被留在后方留守。

韦甲元年轻时个子不算高，但打起仗来非常英勇，大小战役都冲锋在前，是经过枪林弹雨考验的。他身体素质好，聪明机智，被团长调到身边当警卫员。有一次团长上厕所，韦甲元抢先查看，发现厕所里有一可疑人员，见有人进来便欲掏枪袭击，韦甲元眼疾手快，抢先掏枪射击，将那人当场击毙。那个时期的国民党潜伏特务很多，随时都面临着危险，在这样的特殊时期，他跟随团长出色地完成了一个又一个保卫任务。因为表现突出，1952年，经组织推荐他进入洛阳坦克学校深造。1954年，从军校毕业后他任原坦克预备学校一营排长。作为陆军装甲兵指挥专业的军官，他熟练掌握武器装备，刻苦钻研步兵和坦克的协同作战技能，先后荣立三等功3次、四等功1次，1955年被授予少尉军衔，获得"解放奖章"一枚。1958年复员，至此结束了他11年的军旅生涯。

基层岗位螺丝钉，甘做平民永不悔

从战争中走过来的韦甲元，目睹了身边许多战友牺牲的悲壮场面，尤其是那些赴朝作战的战友们，他们将自己年轻的生命牺牲在了异国他乡。每思及此，韦甲元总是为自己能回乡享受和平生活而感到非常的幸福，他觉得自己远比那些失去生命的战友要幸运。从回乡的这一天起，他为党默默工作数十年，从没有向组织提出任何个人要求，也从来没有因为个人利益跟组织讲条件，甚至也很少向身边的人去讲述自己的战斗故事。他的档案在有关部门默默静躺了七十多年，连家人都不知道他曾经有过多少次战功，更没有以这些为条件伸手向组织要待遇。入党74年，老人听党话、跟党走，他用默默奉献坚守着一位老党员的忠诚本色。

1958年，他被安排到组织部的档案室工作，这个工作很轻松，但他是个闲不住的人，就找到当时的组织郭部长，说明自己的想法。在他的再三要求下，最终选择到飞轮厂当了一名普通的操作工。1962年城市职工大精简，他又主动提出回到老家车滩村（现新丰镇），当上了生产队的保管员。因为他是参加过战争的老兵，又是军校毕业的，1964年被组织上任命为车滩村支部书记，5年后再次服从组织安排，到公社运输站轮船队上去当调度员。老人说，在船队的16年，全公社生产的建材全要靠水上运输，建材物资和粮食等各种运输任务繁重。无论酷暑隆冬，他总是第一个上班最后一个离开。他既没有依仗职务之便照顾亲友，也从没向运输船家伸过一次手。常年装运砖瓦，他也没有走过一次后门为自己买上一块砖瓦，直到1985年到了退休年龄回家。

许多从事过水上运输的老人都说："韦老公正、公平，原则性强，心中只有集体利益，从不考虑个人得失，是典型的共产党的好干部。"

不以老兵做护身，献了青春献终生

对一般男性职工来说，60岁就可退休享受到退休金。但韦甲元老人到了退休年纪就等于失业，他回家享受不到退休待遇，在这种情况下他都没有去找政府、找组织。尽管年岁已大，为了能再挣得一些养老的钱，尽量不向自己的子女伸手，在此后的10年里，他先后在毛巾厂、食品厂、加工厂等小微企业做门卫，凭着自己的劳动来为自己挣得一份养老钱。

在担任保安期间，军人出身的韦甲元仍然保持了军人敢说敢做的性格，尽心尽职守护着企业的大门，坚决制止各种私拿夹带事件的发生。他用心为企业做事，受到企业主的信任。其所服务的企业都对他严肃认真的工作态度表示认可，工人们都说他是一尊门神。这尊门神直到70岁才回家安度晚年。

韦甲元老人从军11年，加上他前面3年的游击队员历史，多少年出生入死的战斗生涯，以及和平年代的几年军旅经历，虽说不上是战功赫赫，没有可以让人传颂的大功绩，但也算是九死一生的革命老战士。从1958年回到家乡后的66年里，他尘封自己的荣誉，始终以普通一兵的身份，默默地奉献在各个不同的岗位，甚至对子女都没有讲过多少他英勇战斗的事迹，也很少人知道他是位打过仗、进过军校、当过军官的老兵。在那个可以凭资历向政府部门要求选择一份稳定的工作，退休后还能让子女顶替的年代，他也始终没有为自己着想，他不想让子女躺在自己的功劳簿上，而是让他们自食其力。在韦老身上所体现出来的这种品德，正是无数从那个战争年代过来的共产党人的一种共性。

岁月流逝容颜老，发挥余热夕阳红

韦甲元老人一生生育4男1女，都是普通平凡人，各自凭自己的能力过着极为普通的生活。对于老父亲过去的当兵历史他们多少有所耳闻，有时也埋怨他们的父亲不会做人，随便找组织反映一下自己的革命经历，相信都会得到组织的照顾，让他有个好的归宿。但他始终坚持一名共产党员的信仰，不负入党誓词。

暮年的韦甲元仍然是个闲不住的人。老人腿脚灵便时，正常参加支部各种活动，学习党的方针政策。用老人的话说，就是活到老学到老。经常为村里提出有参考性的建议，并多次被采纳。90岁前后他还为村里做义务民事调解员，但凡有家庭和邻里之间发生矛盾，他都要问清缘由劝说几句，尽可能地帮助人家化解矛盾纠纷。在村民眼里，他是一位德高望重的老前辈，邻里之间的小纠纷常常在他的劝说下悄然化解。时间长了，他带给乡亲们的是信任和依赖，"找韦老去评评理"已成为邻里间的常用语。

本村的一些退职村组干部、老党员对自己的待遇不满意，说组织对他不公正，找老人谈心诉苦。每谈及这些时，老人总是缓缓地跟身边人说起以前的事，谈以前跟他一起战斗过的战友，其中说得最多的就是跟他一起参军的苏启元烈士，这个在解放战争时期曾和他多次在一个战壕中并肩战斗的战友，后来牺牲在朝鲜战场上，尸骨无存。谈起这段故事他常常老泪纵横，情不自禁："苏启元牺牲时才20岁出头，没有结婚，假如活着也该是儿孙满堂了，现在留在老家的只是一座衣冠冢，他的这笔账又该怎么算，谁又能算得清？"与这些牺牲了生命的人比起来，我们今天的个人得失又算得了什么呢？老人的话犹如一条无形的鞭子，在拷问着每个人的灵魂，再与他们面前这位老人的资历、阅历、收入相比，谁也无话可说了。

在教育子女上他也是很严格的。自己朴实一生无怨无悔，在他的影响下形成了良好的家风，他正直的秉性也传承给了自己的子女。现年55岁的小儿子韦文和是名瓦工，在平凡的岗位上多次救人，成了当地人心中的一位英雄。在建筑工地上，他有过3次救人的经历，每次有工友命悬一线，他都施以援手相救。一次是工友在博物馆顶部浇筑时不慎往下滚落，在一旁的韦文和眼疾手快一把拉住他，救了他一命；有一次塔吊急速下坠，他推走跌倒的工友，避免了工友被砸到；还有一次是河南籍工友从11层不慎跌落，在跌落到10层时又是韦文和抢先一步将这位工友救下。类似的险情他经历过多次，正是因为他时常将工友的生命担在肩上才演绎出那些临危救人的故事。

2022年5月，与他相伴了半个多世纪的老伴先他而去，已95岁高龄的韦甲元再也没有了当年的风采，身体远不比从前。他每月享受的待遇很少，但他仍很满足。对他来说，人生的大幕即将落下，但其一生为党和人民所做出的奉献却会永远被人铭记。

韦老一生中并没有什么惊天动地的事迹，只甘愿做一颗最普通的螺丝钉。他如天边一颗不起眼的星星，用他一生微不足道的光芒照亮着人们。

这篇采访稿在有关平台登载后转发给韦老的家人，他们一字一句地念给老人听，老人的脸上露出欣慰的笑容。半年后老人离世。

作于2022年6月10日

烈士房迪光的一生

◇ 房丹

大丰区烈士纪念馆的墙壁上挂着一张照片，照片上的人不过20岁出头，此人名叫房迪光。正如烈士墙壁上其他烈士的照片一样，每张照片的背后都有着不同寻常的故事。

1919年，台北县草庙镇还是竹港河下游的一块滩涂，房迪光就出生在这片海滩上一个传统的盐民家庭。当时，沿海岸线，盐场遍布，"烟火三百里，灶煎满天星"便是当年生活情景的写照。房迪光的父亲房春喜靠在盐场上做帮工，晒灰、烧盐，闲时靠从事木匠活补贴家用。母亲单吉珍是普通的家庭妇女，也是一位贤妻良母。房迪光的下面还有一个弟弟。父母给他们哥俩取名房生根、房生存，寓意财富生根、基业永存。

少年生根，也就是后来的迪光，聪颖过人，性情敦厚，勤奋好学。1930年秋，有一位来自沈灶的叫姚楚成的教书先生，借了生根三叔房春山的两间茅草土坯房，收了几个学生办起了简易学堂。出身贫寒的生根每天除了挑猪草，还要带好自己的弟弟，家中吃了上顿没下顿，虽然内心无比向往读书，但他却不好意思和父母开口讲进学堂读书的事。于是，生根每日挑完猪草就带着弟弟偷偷躲在学堂窗户下听课，久而久之，这事就被姚先生发现了。姚先生看这孩子天资聪颖、好学上进，每天按时来听课，风雨无阻，便找到了他父亲房春喜，希望能收下生根这个学生，免了他的学费。

就这样，生根开始了自己的求学之路。他特别珍惜这个读书机会，每天天不亮就起床背书练字，虽然入学比其他同学要晚些，却成了姚先生最得意的门生，姚先生暗地里还跟师娘协商，将来要把女儿兰英嫁给生根。多年后，姚先生回忆往事谈起房迪光，还忍不住称赞那是他带过的最出色的学生。也就在这里，房迪光结识了后来的革命战友沈保贵、袁友三等人。

1934年，汤显哉先生从如东来到草庙，他和泰兴的张书坤（1946年成为东台中学师范部语文教师，新中国成立后为大丰县教育工会主席）协商，一起创办了东台县第九所小学——新民小学。时年15岁的生根非常渴望去接受更正规的教育，于是，在姚先生的支持之下转到了新民小学。在这里，生根经常阅读进步书刊，不断接受新思想、新文化的教育，成为学生运动的骨干之一。1937年，日本帝国主义发动全面侵华战争，生根目睹了日寇在中国的土地上烧杀抢掠无恶不作的罪行，便组织了学生队伍到大桥镇示威游行，呼吁乡邻不分男女老幼，团结一致，打倒日本帝国主义！这次游行之后，张校长见生根有着炽热的爱国之心和极强的领导能力，便为他更名房迪光。希望他能凭自己的力量，唤醒民众、启迪更多的爱国人士投身抗日，为黑暗中度日的老百姓带来光明。

1939年10月的一天，房迪光很早就去了学校，在学校不远处就看到校门口围满了人，他不知发生了什么事，赶紧跑过去一看，这一看，他整个人顿时像定住了一样，眼前的惨景让他觉得浑身血脉偾张，悲愤莫名。原来是汤显哉校长和师娘前一天夜里被土匪杀害，校长惨死在了床上，师娘倒在房门槛上，满地都是鲜血。

此事发生之后，新民小学停办了，失学在家的房迪光被父亲送到地主奚广生家中做长工讨生活。房迪光干活利索，为人谦卑，经常会给长工伙计们讲革命故事，很受大家喜欢。1942年4月，中国共产党成立了滨海区竹港乡政府，奚广生（乔友）任乡长，吴适安为副乡长，房迪光因出众的才学被任为通讯员，他的同学袁友三任财粮员。同年，苏中行署税务局的局长王天瑞来到草庙主持工作，当时借住在迪光家中，见迪光才思敏捷、正气凛然，便问他是否愿意加入中国共产党，彼时已23岁的迪光喜出望外，满腔热血沸腾。他怎么也想不到，自己和王天瑞的不解之缘自此开始了。

1943年，房迪光被安排到川港区税务所任征税员，负责盐务税收。川港税务所位于现大桥镇南端，南被日伪占领，北有国民党的军队驻守，汉奸恶霸横行乡里，环境恶劣复杂。当时，川港区税务所征税范围是何垛坊、丁溪坊、小海坊的盐税。千万别小看这三个盐坊的税收，1942年至1944年，每年盐税有150万元到200万元，占整个苏中14个县总税收的30%。故新四军下辖的7个师中要数一师的经济状况最好，每年上缴军部400万元左右。1943年到1944年，在八路军最困难的时候，新四军第一师和苏中行署支持八路军800万元，为当时处于困境中的八路军解了燃眉之急。

随着"二五减租"工作的开展，许多地主富农虽然表面上点头哈腰，实则对老百姓怀恨在心，伺机报复。甚至有贫下中农减租所得又偷偷被迫送回去的事件发生，房迪光知道后非常气愤，带着枪对奚广元（奚广生之兄）等为首的恶霸进行了警告，此后这些人的嚣张气焰才有所收敛。

1943年，地方反动势力勾结日伪还乡团，身着新四军军服，从小海出发，途经滨海区公所（今万盈）时，碰到外出巡查的区长朱炳山，装扮成新四军的还乡团头目随即带着其他成员一拥而上将朱炳山逮捕。另一部分被困在室内的同志见状，与还乡团发生了激烈的枪战，然情势危急、寡不敌众，没能营救出朱炳山同志。同日，这帮伪装成新四军的反动派继续往南前进，直奔川港税务所。对这些来历不明的"新四军"，负责接待的房迪光保持警觉，察言观色，面对敌人语言含糊，并且急切要打听王天瑞等人的下落的情形，他顿生疑心，立即假意安排许志平、阮林二人上街买菜招待，实则意为向其他未曾暴露的同志发出信号，掩护王天瑞等人撤离。但这一切并没能骗得了狡猾的敌人，在敌人发现房迪光已识破他们的诡计后，随即将房迪光等3人逮捕。

被捕后的3名同志遭到了反动派的严刑拷打，他们逼迫房迪光说出其他同志的下落。房迪光受尽折磨，咬紧牙关，没有出卖组织和同志。为防止夜长梦多，反动派又串通伪军将房迪光献给驻东台司令部的日本人，这一借刀杀人的阴招给党组织的营救工作带来了很大的难度。经过缜密的计划，地方党组织决定通过东台镇镇长金伯华来疏通关系。但这个金伯华是个墙头草，平素与奚广生交情笃厚，向来是个看日本人眼色做事的人，在当时的情形下，他根本不可能会冒险救人，致使我党意欲组织的这次营救计划最终失败。

1944年，房迪光在水牢中受尽凌辱而亡，他的生命永远定格在了25岁。他用年轻的生命诠释了"赤血流成平等路，白骨筑成自由花"的革命信仰。在他牺牲之后，他的入党介绍人王天瑞将自己的儿子过继了给他，取名房志新，希望儿子继承遗志，有所作为。

房志新就是我的爷爷，我爷爷经常给我们讲述房迪光的故事。对爷爷而言，这个未曾谋面的父亲是他一辈子的悲伤，更是他一辈子的骄傲。

作于2024年4月1日

把忠贞写在大地上

◇ 戴文华

在田埂上参加革命

1944年3月，沿海垦区虽然还有点寒冷，但林梢间已经透露出早春气息。前一年，共产党来到垦区，领导农民开展减租减息斗争，实行"二五减租"，增加佃农收入，靠租地生活的农民日子有了好转。

29岁的吴辉感到有了奔头。这一天，天刚放亮，吴辉扛着大锹正准备下地干活。远远地，他看见对面来了3个人直向他家走来。定神一看，是带领农民搞运动的乡支书、乡长齐家修，还有一男一女他不认识。齐书记介绍说："这位是李克和同志，这位是杨连峰同志，他们是台北县委秘工部的地下党，来看看你的"。齐书记接着说："几天前，台北县委秘工部要我在乡里物色一个小伙子做通讯员。我想，你家庭贫苦、为人诚实、做事灵活，是合适人选。"

吴辉听说他们是地下党，高兴得跳了起来，拉住齐书记的手说："共产党帮助穷苦人翻身，我要参加共产党。"

1915年5月9日，吴辉出生在苏北垦区和瑞乡河南村（今大丰区红花村）一个佃农家庭。他的祖父吴广森、父亲吴春山租地11亩，长年为地主种地，受尽盘剥。家里有三间垡头墙（夯土墙）草房，两口铁锅，一口是破的，每人一只碗、一双筷子，还有几件农具，其余什么东西也没有。

他6岁丧母，二姐被人家抢去做童养媳，他和大姐、妹妹跟在父亲后面，给地主种田，过着缺衣少吃的苦难生活。

20岁那年，吴辉结了婚。婚后15天，父亲因受地主折磨，劳累过度，死在田埂上。父亲死后，家里雪上加霜，生活更加艰难。为了养家糊口，他到外乡地主家做了4年雇工，经常遭受地主的毒打、漫骂，吃尽了苦头。

1944年4月8日，经台北县委秘工部党支部书记李克和（又名朱星垣）、秘工部女干部杨连峰（又名杨吉莲）介绍，在河南村的一间草屋里，举行了吴辉的入党宣誓仪式。从此，他成为台北县委秘工部一名地下党员，牢记使命，把忠贞写在大地上。新中国成立后，李克和任江苏省总工会五金工会主席、南京化工学院党委书记等职，杨连峰去扬州军事干部学校学习。

吴辉原名吴锦泉，为了便于开展地下工作，党组织建议他改名为吴辉。吴辉入党候补期为6个月，由于他工作踏实，机智勇敢，当年9月8日转为中共正式党员。

潜入匪窝歼灭伪顽

日寇入侵台北县后，土匪谷振之盘踞大中集、新丰、裕华等集镇，与日寇同流合污，剥削农民，滥杀无辜，无恶不作。

据《大中镇志》记载：1944年4月，为了消灭垦区伪军谷振之，台北县委秘工部派杨连峰、吴辉、季永洲3位同志，组成中共大中集地下核心小组，杨连峰任组长，打入谷振之伪旅部。

杨连峰是富家闺秀，客籍知识分子，是谷振之的表姑姑，以亲戚的身份潜入谷匪中。吴辉、季永洲以黄包车车夫、接送杨连峰作掩护潜入谷匪内部。他们机智灵活，不畏顽敌，互相配合，冒着生命危险，活动于敌人心脏中，秘密侦察、搜集、传送情报。

1945年8月15日，日寇宣布无条件投降。打着"曲线救国"招牌的民族败类谷振之，拒绝我方三次劝降，垂死挣扎，到处抓壮丁，扩大队伍，企图等待国民党反动派军队来收编。

吴辉侦察到谷匪强迫壮丁日夜修筑工事，据点四周有隧道、土圩、战壕和铁丝网，筑有二十多座明碉暗堡。圩外有围河环绕，河中密布滚钩。他们摸清了谷匪住所、弹药库、监狱、粮仓，还摸清了新丰、裕华谷匪据点情况，及时通过外线将这些情报送到了台北县委秘工部。

根据中共大中集地下核心小组提供的情报，1945年9月8日，东台独立团向谷部裕华据点发起进攻。9月11日，苏中军区92团包围了新丰镇谷匪据点。9月11日晚至13日凌晨，苏中军区特务一、二团和东台独立团攻打谷匪旅部。

吴辉参加了这场战斗全过程，一天两夜未合眼，深夜潜伏在长满芦苇的河中。他带领民兵配合特务一团主攻北门，用芦芭压住河内的滚钩，让战士们冲过围河，全线突破北门，向谷匪旅部发起进攻。谷振之自知末日来临，冲进旅部监狱，将被其关押的和瑞乡党支部书记、乡长齐家修（吴辉前任乡长）等6名革命干部枪杀，然后窜进厕所举枪自杀。枪声刚响，2团2营5连连长带领战士冲入旅部，又补了一枪，结束了谷匪的罪恶性命。

经过一天两夜激烈战斗，歼灭、生俘谷振之伪军1500多人。至此，台北县全境获得了解放。杨连峰、吴辉、季永洲潜入匪窝，不畏顽敌，不怕牺牲，为歼灭谷匪、解放大中集立下了汗马功劳。

深入敌后大义灭亲

大中集第一次解放后，1945年10月，经大中区委组织科科长陈守林（建国后调安徽省工作）推荐，吴辉兼任大中区河南村村长，11月被提拔为和瑞乡党支部书记、乡长，1946年春兼任惩奸委员会主任。他组织群众反棉花盘剥、反高利贷，开展减租减息斗争，成效显著，受到群众拥戴。

由于吴辉深明大义，对敌斗争性强，1946年10月，被台北县委提任为大中区委（1946年12月大中区划分为垦南区和垦北区）联络科科长、工联会副主任，上任不久，就处理伪化分子222人，枪毙4人。

1946年11月，国民党反动派疯狂地向解放区进攻。11月5日，国民党飞机空袭台北县城大中集，街头巷尾硝烟弥漫，一片残垣断壁。22日县级机关秘密向农村疏散。

敌人在大中集几个乡都建立了顽政权，我党组织遭到严重破坏。只有乡党支部书记唐廉带病在后方打埋伏，形势十分严峻。（建国后，唐廉调外交部礼宾司工作。）

1946年秋，大中区委书记、游击队政委叶莘找吴辉谈话，命令他到和瑞乡迅速召集部分党员，组织群众开展反保甲工作，打击顽政权，他果断接受了任务。

吴辉装扮成一个卖灶糖的小商人，挑着货郎担，行走在乡村。敌人到处在城乡交通要道口张贴"捉拿共产党吴辉告示"，捉到者奖赏10担棉花。这期间，吴辉多次遭到敌人追捕，都是在群众的掩护下才得以逃生。之后，吴辉冒着生命危险，深入敌后，组织、发动群众，10天共抓了23个伪甲长。

吴辉有个叔伯哥哥叫吴锦云，在河南乡当顽保长，欺压百姓，无恶不作，跟在国民党反动派后面追捕共产党员，在反保甲中，被吴辉捉住，捆绑押送到垦南区署，被立即执行枪决。吴辉大义灭亲，反保甲有功，在县委扩大会上受到表扬，事迹还登了报。

1946年11月，吴辉入伍。在二次大扩军中，上级下达和瑞乡19个参军任务，吴辉完成了23个，受到台北县委乙等功臣奖励。

在盐南战役中，吴辉亲自带领30名民兵到前线参战，打死多名敌人，缴获榴弹15个，子弹数十发，军大衣2件，受到台北县委表彰。

1947年11月，吴辉被提拔为大中区委副书记、代书记，区游击队副队长兼政委，1948年6月任大中区委书记、军事股股长。

苦学文化锻炼成长

吴辉参加革命时，不识一个大字。他感到，没有文化困难重重，学文化太重要了。为了做好革命工作，他刻苦学习文化，虚心请教身边识字多的同志。大中区委委员唐廉，是吴辉动员参加革命的，吴辉是他的入党介绍人，读过私塾，吴辉就拜他为师。白天工作忙，就晚上学。几个月下来，他识了上千个字。

区委开会，吴辉自己写个提纲，讲话有条不紊，诙谐风趣，区、乡干部和群众都喜欢听他作报告。

他不但自己学文化，还组织区委、区政府干部学文化。区里还成立了学文化的夜校，聘请有文化的干部当教师，他自己也当学生，带头学文化。区里大部分干部不识字，在他带头下，坚持学习，个个都能识字看报。

1950年至1962年，吴辉先后在苏北党校、盐城干部文化学校、省委党校、盐城地委党校学习。在学习中，他上课聚精会神听讲，认真做笔记，并起早睡晚自学，巩固所学知识。通过刻苦努力，他的文化水平显著提高，不但能阅读文件和党报党刊，还能写调查报告和讲话稿。

廉洁奉公无私奉献

1949年6月27日至7月4日，台北县连降暴雨，地面水深一尺多。全县遭受历史上罕见的水灾和海潮倒灌等自然灾害，大中区被淹面积90%以上。吴辉心急如焚，迅速带领区委一班人，分头溯水深入抗灾一线，做群众思想工作，动员群众排水抗涝。灾后，他又深入各村，组织群众补种各种晚熟作物。

当9月的馨风掀动着紫色的荞麦叶时，荞麦的收获季节到了，各村乡场上的连枷声"噼噼啪啪"地响起来了，一只只笆斗里盛着饱满的麦粒泛着褐色的油光，盛着灾后农民的希冀……

吴辉组织灾民抗灾自救，为灾民办实事，台北县委书记沈堃写了一篇《大中区委书记吴辉同志是怎样打通干群听天留由命思想的》的报道，在全县通报表扬他。

新中国成立后，吴辉担任过多个部门的一把手。时代变了，地位变了，但他始终保持战争年代那股革命热情和艰苦朴素精神，对党忠诚，不忘初心，敢于担当，不怕吃苦，无私奉献，一心为民。

据《大丰市志》记载：1952年，吴辉担任大丰人民法院院长，积极开展"三反"（反贪污、反浪费、反官僚主义）斗争，审理定案贪污腐败分子80人，涉案金额56,986万元（旧人民币），判处有期徒刑4人，管制2人。

1953年，吴辉担任大丰县供销合作社主任。1954年7月至8月，大丰县发生了严重水灾，他带领大丰县供销合作社一班人，迅速投入抗洪救灾一线，在重灾区的12个供销社，赊出水车48部，支持灾民排涝。帮助农民推销楝树果5千担，草鞋2万双，簸箕3000只，扫帚3万把，渔网3000口，芦席6万余张，草绳5万担，收购田菁籽2万余斤。

1956年5月至1963年1月，吴辉任中共大丰县委第一届、第二届常委，大丰县人民委员会第二届、第三届、第四届副县长（1956年6月，兼任大丰县商业局局长）。吴辉担任大丰县委常委、县人委副县长6年多时间，很少坐办公室，常深入基层，与群众打成一片。他分管养猪工作，经常深入农户、猪场，调查研究，帮助解决饲料供应、病疫防治等实际问题，受到群众称道。

1986年11月7日，吴辉去世，享年72岁。吴辉一生为革命出生入死，为人民鞠躬尽瘁，对党忠诚，对人民负责，堪称楷模。他没有留下房产，也没有留下一分钱存款，但却给后辈留下了一笔宝贵的精神财富。

（本文刊发于2019年8月1日《大丰日报》）

海笑和《台北大众》

◇ 周古凯

那年岁末的一个下午，我忐忑不安地叩开老作家海笑的家门，很快，我就被他一见如故的热情和他那爽朗而奔放的笑声所感染。我似乎觉得，站在面前的这位个头不高、头发花白、年近90的老人，不是我想象中的作家，更不是饱经历史沧桑和人生坎坷的长者，而是一位信心十足、笑对人生的顽童。

谈到海笑，人们都知道他是一位作家。他的《红红的雨花石》《燃烧的石头城》等儿童文学作品，以及《部长们》《白色的诱惑》等现代文学作品，在大江南北产生了广泛的影响。然而，他15岁参加革命，一直是新四军队伍中的一名文化战士，1945年台北县恢复建制时，担任中共台北县委机关报《台北大众》主编的这段经历，就鲜为人知了。

老前辈讲话总带着微笑，不时地打着手势，有时会纵情地哈哈大笑，使人感到特别和蔼亲切。我赶忙打开微型采访机，把话题引到《台北大众》这个话题上来。海笑随即从书橱中找出一本《江苏革命大词典》，指着其中一节读道："《台北大众》，中共台北（今大丰）县委机关报。1946年8月中旬创刊，石印，8开，3日刊。由县委宣传部长汪子珍（后为汤池）任社长，先后担任主编的有周亮刚、杨大德、万正、海笑。1948年6月，全县进行精减整编，报纸停刊。"

老人告诉我，日本投降后，中共大中垦区特委改为台北县委，19岁的他在县委从事文字工作。

第二年台北县委宣传部汪子珍等人为配合县委开展工作，在县委机关对面的房子里，创刊《台北大众》。开始为油印，不久便改为石印。汤成学是从《江海导报》调来的印刷师傅，还有一名工人叫刘福元，两个人负责印刷。

海笑在万正离开县委后出任县委秘书，万正调离《台北大众》后，他又继任主编。报社编制最多时有干部5人、印刷工人2名。报纸创刊3个多月时，国民党军队从东台向北进犯，县委决定《台北大众》暂时停刊。

报社转移到泰丰公司（现大中镇泰丰村），途中不幸遭到敌机轰炸，除了一块印刷用的石块，其余都被烧光了。第二年初又受命复刊，报社进入流动状态，用一辆独轮车推着石板、机器架子和白报纸，与敌人周旋着。在敌军推刨式和拉网式的扫荡清剿中，为了轻装上阵，暂时将石板等设备掩埋起来，只带了两块钢板、四支铁笔、几听油墨及两三令白报纸，与敌人穿插周旋。

报社人员时而在敌人的前面，时而又跳到敌人的后面，只要有几个小时的空隙，就能印出一张报纸。1947年秋天的一次大扫荡中，报社随机关转移，连夜行军40多公里。第二天敌人退走后，他们又冒雨回到台北的南团，分头组稿，出了一期反"扫荡"专号。

海笑说，在办报的岁月里，有一件事特别难忘。那是1948年1月中旬，国民党疯狂地扫荡解放区，所到之处火光冲天，枪声不断。报社设在十户灶的一间草房中，当时报纸刚上机印刷，怎么办呢？海笑坚定地说："继续印刷！"大家立刻行动起来，印刷的印刷，写标签的写标签，再分发打捆，分送到交通联络站。做完这一切，敌人的枪声已到跟前。

最紧张时，海笑一个人也办过报纸。他讲，那时工作很不稳定，他在县委和报社之间调来调去，党叫干啥就干啥。有的人在报社几十天时间，又去干其他工作了。报社经常搬家，印刷设备和纸张都分散在老百姓家里。那时大中集至东台的交通主要靠人拉纤的快船，一天一个来回。《台北大众》就是靠这条船的船主从敌占区买来纸张笔墨藏在船上带回来，在草堰、小海、大中集等地码头，专人去接，时间地点随时更动，以防不测。然后将这些"命根子"再分散藏在老百姓家里，用多少取多少。海笑说："现在想起来真好笑，有一次记者、编辑都分散下去，报社只有我一个人留守，又写又编，又刻钢板又印刷发行，保证了正常出报。"

《台北大众》在战火中生存和发展，极为艰辛。根据资料和回忆，周亮刚、袁阜贤、杨大德、王汉民、徐卜超、姚恩荣、徐亚辉、陈乐平、黄海民、郭友诚、何兰芳、徐中海、张文发、新华社华中分社记者张兢、徐雯、陈伟明、周梦叶《江海导报》的余平等人，都为《台北大众》的生存与发展作了贡献。这些人不一定都隶属《台北大众》，但历史不会忘记他们的功绩。大丰区档案馆现存的革命历史档案中，《台北大众》最后可查的名单，除了海笑和两名工人，还有黄仲先、韦干芝和陈宝胜等几个人。那时没有汽车，创刊时只有一辆自行车，采访大多是走着去，每一步都有生命危险。那时也没有邮局，来稿送报全靠交通员的两条腿。假若稿件来迟，先刊登"代邮"告之作者。

《台北大众》主要刊登县委的工作部署和参军支前、开展生产、军民反扫荡捷报、战况及土改、复查中的新人新事。除此之外，还从上边来的报纸中摘录一部分内容登载。由于敌人的频繁扫荡，消息极不灵通，上边来的报纸，有时要周转好多天才能见到。

现存上海图书馆和江苏档案馆的资料表明，《台北大众》为4开两版（单面印刷）。第一版是地方新闻，第二版是通讯副刊，有"明理堂""天下大事"等栏目。有时半个版的"天下大事"浓缩了全国各大战场的战况，有的还配有战况形势图，使人一目了然。每个版面约3000字，都用毛笔抄写，字很小，必须一丝不苟。那时没有照片制版的印刷条件，但有许多插图，美化了版面。印刷数量正常为1000份，特殊战报加印一张蜡纸。在当时游击战争的条件下能够用一张蜡纸印这么多份数，油印技术令人赞叹。1948年春，报纸改为4开4版（16开一版）。1947年下半年，万正从一张旧报纸上看到来米谷的《蒋介石引火烧身》漫画得到启发。与徐伯超、汤师傅3个人共同努力，花了十多天时间，土法上马，创办了第一张《我军必胜蒋军必败》的彩色《台北大众画报》。后来由徐卜超主编出版15期，对鼓舞军民斗志发挥了积极作用。

海笑老人说，1948年6月前后，苏北解放区连成一片，一分区的《江海导报》，三分区的《江潮报》，以及《华中报》《新华日报》都可见到，而刚刚搬进县城的《台北大众》，也完成了它的历史使命。

解放后，海笑曾多次回大丰，看看曾经一同工作的战友，走走曾经奋斗过的地方。海笑老人讲，当年的《台北大众》虽然没有今天电脑排版、专栏荟萃、图文并茂、胶版印刷的报纸精美，但却贴近群众，贴近实际，是党的战斗号角、时代的强音。尤其前方胜利捷报频传之时，那套红的号外，人们争相传阅，欢庆祖国解放的时刻必将来临。那种心情，不是今天丰衣足食的后人所能体味到的。

海笑，这位报人、作家、长者，是我们《大丰日报》地道的"祖师爷"。我们谈笑风生，愉快地度过一个下午。我们相识相处非常短暂，却成了朋友。文如其人，他这种甘于清贫、坦诚待人的个性，在他的作品和生活中可见一斑。他在散文中曾描述过的并接受我专访的"思静斋"，是南京极为普通的一套80平方米的住处，在天津新村6栋三楼左首。十多年前有这套住宅确实不错，现在落伍了。"思静斋"不过是他写作的书房兼会客室，地板刚刚装修了一下，书橱和沙发都是陈年的老式样，桌上有一台电脑。我为前辈用电脑写作而感到高兴。一问，是他儿子的，父子同用一间工作室，与古色古香"思静斋"的名字不太相称。他出版的一些长篇小说和散文，都是在这儿完稿的。一个3平方米的阳台，放着许多很有艺术造型的石头，就是他在散文中描述的"海石轩"的地方。人生之趣，各有所乐也。

当我依依不舍地离开"思静斋"，请前辈留步时，他坚持送我出天津新村大门口。几乎没有辈分之差，多么像久别多年的老友重逢！我忽然对海笑这个姓名产生了兴趣，斗胆地问："海笑是您用的笔名吗？"他哈哈大笑，说："你猜对了一半。"

"海笑"并不是他的真名。这是他解放后用的一个笔名。他原名叫杨忠，在古都南京读书，并在那里度过了欢乐的童年。南京被日本人轰炸后，他全家迁回南通老家。初中未毕业他就参加新四军，自取笔名"海啸"，希望抗日斗争像大海一样怒吼，把日本人赶出中国去。他担任《台北大众》主编时间最长，经常以"海啸"为笔名撰写了不少特写和故事。解放后，他将"海啸"改为"海笑"，象征着人民胜利了，脸上都露出了喜悦的笑容。

现在，他的后代就以海为姓，体现了一个军人和作家的胸怀。

作于 2024 年 5 月 30 日

探访谦和仓

◇ 骆绍春

谦和仓是个老地名，在盐城市大丰区草庙镇一个不起眼的角落里，位于现草庙镇五总村二组境内，不属于行政村设置，因而在现代版的地图上都没有标注。在村民李正兵住宅的西侧，至今还保留有当年新四军伙房一堵青色小砖墙，其余房间已随着历史湮没了印记，今天早已成为耕地。八十多年来，这堵墙还默默屹立在那里，仿佛在记叙着那段激情燃烧的岁月。上了年纪的人常常会感慨那段岁月，对后人讲述着当年让他们为之骄傲的历史。

听村里的老人说，皖南事变后不久，新四军在盐城重建军部，部队和伤病员陆续向沿海地带转移。1941年初，粟裕所部新四军第一师奉命转移到草庙一带。为确保转移顺利，一师先派出一支侦察小分队打前站，他们化妆前行，打扮成垦区的农民。带领这支小分队的是一位叫高敬之的侦察兵，他临时受命，成为这支小分队的队长。

高队长带领队员们来到了草庙，乡亲们听说有新四军来，都想为他们带路。高队长说明来意，生意人邹春善介绍，五总村的谦和仓房屋多，可以作指挥所，高队长决定先去实地看看。这天吃过早饭，他们一行人在邹春善带领下，顶着刺骨的西北风前往谦和仓。

一路上，他们跨沟坎、越河坡、钻树林、过草丛。冬天的黄海之滨草枯叶落，多见盐霜。干裂的河床上长满盐蒿，在盐蒿稀疏的地方，偶尔能看到一些牛车辙，就是那种窄窄的木制车轱辘碾过时留下的深辙。就这样，深一脚浅一脚，高队长他们取道姚家洼，走过四户灶，过了四总河，再向北就是五总村了。只见六七百米开外有一片突起的高墩子，那里隐约可见十多栋大小不一、走向各异的草房。那气势，俨然一座旧式庄园。这个庄园的名字，就是被时人称之为谦和仓的地方。

这里的草房有的住人，有的做仓库，有的养牲口。时值冬闲，在这里干活的佃户们各自回家了，侦察员出身的高队长很快掌握了这里的外围情况。见最南面西首那间屋门半开着，高队长让队员们负责警戒，自己一个人上前打听。屋里走出一个叼着旱烟锅的老汉，高队长跟他找水喝，老汉搬了张小板凳给来人坐，转身拎起老旧的篾壳暖瓶倒了碗水给他。高队长正又累又渴，几口就喝光，这才细细打量起老汉。老汉长着络腮胡子，他的那杆旱烟锅很特别，杆短锅大，烟杆上挂着一口小小的烟丝袋，正"吧嗒，吧嗒"抽着。

莫非他就是邹先生说起的那个张大烟袋？高队长心里正嘀咕，邹春善进来了，他二人不免一番嘘寒问暖。从两人的寒暄中，高队长证实了自己的猜测。

得知高队长一行要找谦和仓主人有要事相商，老汉赶紧抬起左腿，在脚掌上叩了叩烟锅灰说："袁先生正好在。"随即领他们去见袁先生。

从老张口中得知，这位袁先生叫袁尧官，在40里以外的小海集镇上开了家儿科诊所，方圆百里很有名气。袁先生生有2男5女，大女儿和五女儿在谦和仓20里以西的万盈墩躲避战乱（姐妹俩相依为命，终生未嫁。这是后话）。二女儿、三女儿早年夭折。四女儿嫁到东台。两个儿子，大的叫袁崇善，小的叫袁仲荣。袁先生在海边那一带有田，选择了两个地势较高的地方做工棚兼仓库，袁先生根据两个儿子的姓名特征分别取名谦和仓和荣记仓。

小儿子袁仲荣是当时小海镇上的青年才俊，在外读书时，可没少受抗日救国等进步思想影响。袁先生行医济世，是远近闻名的大善人。高队长觉得这位袁先生应该很可靠，而且谦和仓一带沟河密布、草木众多、东面临海，便于隐蔽和转移，海产品还很丰富，把新四军一师师部设在这里再合适不过了。

说话间，老张把他们领到第三排东首一间屋子。只见袁先生身材挺高，不胖不瘦，戴副眼镜，手里端着陈旧但油光锃亮的黄铜水烟袋，透过烟雾，高队长看到袁先生慈眉善目。

"老张，来客人啦，快请客人坐。"还是袁先生首先开口。高队长向袁老先生抱拳行礼，二人坐下来谈得很投机。袁先生感叹"国破山河碎，人民不聊生"，高队长向袁先生介绍了共产党救国为民的进步主张。听说新四军准备在这一带开展对敌斗争，袁先生放下水烟袋，拉起高队长的手说："我虽草民，但同情革命。如不嫌弃，你们的人可到我这草棚来住。"

高队长喜出望外，他紧握着袁先生的手连声称谢。当天下午，小分队就带上老张给准备的烤红薯和装得鼓鼓囊囊的干粮袋，原路返回部队。

不久，新四军一师师部进驻谦和仓。在这里，他们在粟裕、陈丕显、管文蔚等新四军将领的领导下开展了轰轰烈烈、波澜壮阔的对敌斗争、英勇的身姿出没在谦和仓周围的芦苇草荡里，给谦和仓这个现代版图找不到的地名，写下了史诗般的英雄篇章。

作于2024年5月15日

南阳镇广丰村的荣军故事

◇ 陈劲松

一直到20世纪90年代，在今天沿226省道的大丰区各乡镇的村子里，都有几个被称作"同志"的老人，他们没有被像其他启海老人一样被唤作"公公"或像本场人的老人被叫作"爹爹"，而是像称呼张医生、王老师一样的被喊作"王同志""张同志"，他们还有一些其他的共同点：大多是外省人，都是残疾人，有跟本地人不同的口音，最后却都作古在本地……

当地一些老人说他们都是"荣军"，有些甚至不屑一顾地说他们是溃败的"国民党"，回不去了云云。

他们到底是些什么人？为什么到死都留在这里？是哪方面的荣军？真是国民党，可为什么都是老共产党员？而且，他们怎么还都不同程度地被安排了工作，名下曾经有很多土地？

让我们掀开历史的鸿篇巨制，找寻他们的足迹。

1946年7月13日至8月31日，粟裕、谭震林指挥华中野战军共19个团，兵力3万余人，在苏中（江苏省中部沿江地区）同国民党军整编第83师，第19旅，第56、57团及旅属山炮营等12万国民党军队作战，连续取得宣泰、皋南、海安、李堡、丁堰、邵伯、如黄路等7次战斗的胜利。共歼敌5.3万余人的辉煌胜利，是解放战争以来第一场大规模作战的胜利，极大鼓舞了解放区军民的信心。而获得胜利的巨大代价是无数指战员的生命以及健全的身体。

为夺取全国解放的最后胜利，新四军队伍即将开拔到北方更险恶的解放战争战场，而这些伤病员随队几乎不可能，他们需要得到医疗和安置。在陈毅，粟裕等前线领导的再三考量下，决定把这些历次战斗中的伤残指战员留下治疗养伤。

选择把这么多伤残指战员留在哪里是大家首要考虑的问题，这个地方需要满足几个基本条件：第一需要有良好的群众基础，第二需要有足够安全的容身之处，第三要能满足基本的治疗跟生存需要。因为他们的特征实在太明显了，这么多口音不一的伤残人，在哪里都是很容易引起当地各股势力注意的，他们的安全就根本不能保证。

这时候，大家不约而同地想到了一个地方——1944年刚并入东台县的原台北县垦区，这个苏中地区闻名遐迩的"模范抗日根据地"。

除了有良好的群众基础，另外一个重要因素是当时的垦南垦北地区，地理环境得天独厚。这里除了爱国实业家张謇带领的一批人成立了大丰公司、裕华公司等开垦的棉田外，其余的就是未开垦的一望无际常年丰茂的滩涂茅草滩和芦苇荡，有足够的生存空间容纳外来人口。当年粟裕等提出建立台北根据地，在此安置一师伤残人士也是基于这些考虑。

就这样，800多名伤残指战员中150多人留在了当时的台北县。为便于管理和联络，原台北县晋广乡，即今南阳广丰村因为地理位置适中成了安置中心点，这里也是当时垦南区政府所在地。部队在现广丰一组陆建章父母的老宅里设置了临时医疗点，此前还在这里设置了新四军印刷厂。

在大丰档案馆1949年12月造册的干部花名册中，我们看到题头为"台北县垦南区"荣军登记表。从已经字迹模糊的表格中看到，当时各村镇都接纳了数目不等的战士，南阳广丰接收人员最多，有18人。他们是由1942年到新四军苏中七战七捷战场上负伤的全国各地的战士，也有江苏本省和当地子弟。

能够看到的几页表格上显示最早负伤的是1938年入伍的扬州人余有林。1942年他在小海战斗中负伤，其时任一师连长，被子弹击穿腰部，伤残等级为三级甲等。经过跟当地老人走访以及查到的建国初期党员名单对照，这个余有林就是当年陈毅同志的警卫连长俞林，在自己也身负重伤的情况下临危受命，接下了当时命名为残疾连的连长职务，也接下了上级对所有伤残指战员的托付。

今天，当地老百姓还能说出他们其中一些英雄勇猛的战斗故事。吕友林，当时年龄只有32岁，浙江人，16旅排长，他负伤是在湖北孝感，背部腰部左臂负伤，伤残等级二等甲级。

表格上显示年龄最大的熊吉余当年35岁，四川人，1945年在湖北孝感负伤，腰部枪伤，伤残等级三级甲等。最惨的是浙江人余小毛，当年32岁，负伤时间在1946年，他的双手全部失去了，我们很难想象没有双臂的他，后来是怎么面对艰难的生活的。年龄最小的是浙江人李春富，22岁时，在溧阳负伤，伤残等级三级甲等，大腿受伤。最早参加革命的是扬中人冯桂根，1938年，18岁的他就参加革命，26岁受伤前任四团连长。

通过南阳广丰的干部们实地走访，我们还找到名册上没有的不少陆续来到广丰安家落户的伤残指战员。

叶友发，浙江人，二级残疾，在上海船只上作战受伤，与吕友林等同志是一起被组织安排留驻在当地的，在红旗村做过组长一职。有子女3人，其长子叶平提供信息。

蒋发生，浙江省余姚人，1943年7月入伍，浙东2纵队35支队警卫大队战士。1945年10月苏南南洋镇战斗受伤，诊断为二等乙级伤残，土地改革时分到了一些房产。遗物有残疾证。有2个儿子，其长子蒋永祥提供信息。

张锦如，1915年生，1937年参加抗日战争，参加大军南下，在正南口战争时受伤，定为二级伤残。有子女8个，其儿子张志明提供信息。

陶德荣，浙江台州人，在南阳农具厂工作到退休。

还有俞友茂（音），杨业楚（音）等人。可惜随着时代的变迁，资料的散失，他们在当地的后人目前还没有联系到。

最值得浓墨重彩记录的是几个负责人，当时只有6户人家的广丰真正是地广人稀，这么多人在这里怎么活下来是第一要务，在后方这个没有硝烟的战场上，是他们带领指战员们学习当地垦荒技术，克服身体残障带来的重重困难，开荒种地，开沟挖河，甚至还开了名叫"公兴和"的商贸公司，不仅实现了自给自足，还带领老百姓一起走上在当时就比较富足的生活。

他们是负责当时的广丰村后为"红旗大队"的俞林、吕友林，负责晋丰村的马德胜、胡亚新，负责裕华即后来的"五星公社"的陶德荣、张长松。那个商贸公司的负责人是山东藤县（今山东枣庄藤州）人戴爱友，在王家团战斗中失去了左臂。

其中年龄最大的要数马德胜。当时已近40岁，祖籍宁夏，家境贫寒。父母死在逃"蝗"的路上，年幼的姐弟3人跟着逃难乡亲一路来到江苏徐州铜山安顿下来。后参加革命，也是在七战七捷中负伤。尽管他每年有好几个月的时间伤痛发作不能动弹，只能坐在家门口沉默地看着来来往往的乡邻们劳作，但德高望重的他是大家的主心骨，遇事大家都来找他商量，被战友们尊称为马大哥。

当年这批来自五湖四海的指战员留下的时候，这片土地上方言五花八门，但共同的命运和信念把他们紧紧联系在一起。今天，他们的后代跟当地启海人、本场人的语言、风俗习惯几近相同。尤其是当年他们互相协作，团结互助的人文精神，以及精耕细作、多种经营的生产方式一直沿袭至今。

这些失去了健全的身体却拥有更坚强意志力的指战员们，靠着对组织的无限信任，对战友的深厚感情，对未来的美好憧憬，在当地政府和老百姓的支持下，就这样挺直脊梁走进了新中国，成了名册上的荣军，也把当年的芦荡火种保护成了猎猎飞扬的五星红旗。

作于2024年3月26日

六元抗币和半袋糁子

◇ 王宏程

在抗战时期的苏北根据地，一直传颂着这样一个脍炙人口的故事，这个故事发生在庚辰年（1940年）腊月的一天傍晚。

这天，从早到晚一整天都是阴森森的。阵阵刺骨的寒风，好像和路上的行人有着深仇大恨，铆足了劲拼命地往人身上扑，往骨头里钻。

天色渐渐地暗了下来。沈灶殷家坎子丁家的那个半大小子丁老二，正吃力地背着一个与他瘦小身材极不相称的大草夹子。他一只手紧紧地拽住草夹子上的背绳，努力不让背绳从肩上往下滑，另一只手拉着一柄草耙子，一步一步地往家里赶。

就在丁老二到家的时候，他家门前的路上紧挨着来了两男两女。打头的是一个骑着马的女兵，女兵一副戏文里花木兰的俊俏模样，英姿飒爽，英武干练。女兵身后跟着的是两个男兵和一个穿着碎花蓝棉袄黑裤子的农家姑娘。他们的腿上都打着灰色的粗布绑腿，身上穿着发了白的灰色粗布军衣，左臂衣袖上的长方形布制徽章格外显眼，灰色军帽上还上下缝缀着两个扣子，就连身后背着的背包也都是灰色的。

到了丁家门前，骑马的女兵翻身下马，一个男兵立刻从她手上接过缰绳退到一边。女兵则恭恭敬敬地走向刚从屋里出来的丁大娘，敬了一个标准军礼，自我介绍称姓张，是新四军战士，他们是刚执行完任务返回部队，想在丁家借锅煮饭暂住一宿。

丁大娘见来人是新四军的队伍，又这样和颜悦色，自然一口答应。一旁牵马的男兵把马系到了丁家草屋门前西面的一棵楝树上，两个男兵放下背包帮忙房前屋后进行打扫，女兵则忙着帮丁家洗锅刷碗。

张姓女兵从肩上卸下背包，拿出里面的玉米糁子让农家姑娘去煮粥。

丁大娘拉着女兵走进堂屋，虽是土墙草盖，屋里还算宽敞，收拾得也清爽干净。

丁大娘和丁大爷住在东房间，东房间里放着两张床，床都是用土堡头垒起来的，靠里面的一张床上躺着丁大爷。

丁大娘告诉张同志，大爷八年前外出谋生时不幸染上了痨病，从此就不能再下地干活。每年一到冬天，特别是天寒地冻的时候，大爷只得整天瘫卧在床上，不停地咳嗽。大儿子丁老大，本来早就到了结婚成家的年纪，奈何家里太穷，一直没有哪家姑娘肯嫁。两年前丁老大一气之下离家出走，至今杳无音信。这个家现在全靠大娘和才14岁的二儿子一起撑持着。

丁大娘听张同志是外地口音，一聊才知道姑娘乳名叫春兰，今年虚岁也才19。姑娘原本是湖北武昌城里大户人家的小姐，三年前考进湖北女子师范，前年由武汉八路军办事处介绍加入新四军，现在军部战地服务团。

听到"春兰"二字，大娘一下子想起自己也曾有个叫"兰子"的女儿，只是因为家里太穷才送人的，也不知道她现在又在哪里受苦受难？想到这里，大娘不由得轻轻地唤了声"兰子"。

小时候在家时，妈妈也曾叫过自己"兰子"，这会儿张同志听到大娘的这声叫唤，就下意识地应了一声。

这一唤一应，一下子就拉近了两人之间的距离。

说话的工夫，锅里的玉米糁子粥已经香味四溢。张同志赶紧先盛了一碗，给瘫卧在床上的丁大爷端了过来。

丁大爷瘫卧在床上，除了老伴，何曾有过外人这样对他嘘寒问暖，还端上热气腾腾的玉米糁子粥？一下子被感动得不知所措。

大爷再三推辞，还是被张同志扶着坐起来喝了粥。

丁老二见张同志的手枪小巧玲珑，乌黑里还发着蓝光，精致极了，又背着个文件包，还骑着高大的战马，真是非常羡慕。

"您一定是新四军里的大官儿吧？我该叫您什么呢？"

"不，我们新四军里的干部、战士都一样，人人平等，都是打日本、救中国的普通一兵，你叫我张同志就好。"

"我能叫您姐姐吗？"丁老二怯生生地问道。

"当然可以。"张同志点点头，平静地回答。

天全黑了，外面下起了雪，而且越下越大。丁老二起身出门把姐姐的马牵到屋后草垛里，那里会比树下暖和一些。然后又在马身上加盖了一些茅草。都喊姐姐了，老二心疼姐姐的战马就是心疼姐姐。

屋里的张同志还在和大娘拉家常。

"大娘家有没有自家的田？"

"没有，全是租种的。老头子常年有病，辛辛苦苦一年，交了租子就落不了几个了。"

张同志点起了油灯，在油灯下看材料。两个男兵到屋后喂马去了。丁老二赶紧生火做晚饭，他家煮了一锅麦麸子粥。看到这一幕，张同志和战士们眼睛全湿了。

战士们在地上铺上草再放上铺盖，睡了下来。

夜深了，张同志还在灯下看着材料。

大娘轻手轻脚地起来，从瓦罐里摸出家里仅存的几个鸡蛋，做了一碗荷包蛋端给"兰子"。

"张同志您趁热吃了吧，也暖暖身子"

而张同志说什么也不肯吃。

"您不吃就是看不起我，就是看不起我们全家。"大娘急得脸都涨红了，幸亏灯光微弱看不清脸。

见实在无法推辞，张同志只好吃了一个鸡蛋，把剩下的端给了大爷。

第二天，天才蒙蒙亮，丁老二起了个大早，他要去看看姐姐的大马。

咦，新四军战士和姐姐怎么都不见了？

赶紧到屋后的草垛里，姐姐的大马也不见了。

"妈，妈，姐姐不见了，人怎么都不见了？"丁老二大声叫了起来。

回到堂屋明间，小饭桌上留着一个粗布袋，布袋里是半袋黄澄澄的玉米糁子，布袋旁还放着一张面额六元的抗币。

大娘知道，那是"兰子"留给大爷治病的钱。

雪，不知什么时候悄悄地停了，一行脚印和着马蹄印向北伸延着……

很多年以后，丁老二才知道，那个叫"兰子"的姐姐叫张茜，是陈毅元帅的夫人。

作于2024年3月30日

英雄"三十里"——宋永喜

◇ 丁日旭

"白驹有个宋永喜，人称英雄三十里。交通情报累立功，大义灭亲伸正义。"赞的是盐阜革命老区——大丰区白驹镇在解放战争中赫赫有名的民兵英雄宋永喜同志。

宋永喜，1918年7月出生于白驹镇南洼村一个贫苦的农民家庭。他中等身材，脸颊丰满，精神抖擞，看上去就知道是一个很朴实的农民。他1942年10月参加革命，1943年3月加入中国共产党，先后任我党情报员、沿堤乡民兵大队长等职。1947年被苏中一分区授予"民兵英雄"称号。新华社曾报道过他的事迹。2000年病故。

民兵大队长宋永喜坚持每日三十里

解放战争时期，宋永喜每天从西团到白驹单程30里，侦察敌情为地方政府和民兵提供情报，人送绰号"三十里"。当他走过每家门口时，老百姓总是亲热地说："三十里来了，我们可安心了。"全乡80多家军属在他帮助下解决了分田与耕种后，异口同声地说："三十里是我们心上的一把钥匙，一见到他万事就解决。"在一次战役中，宋永喜连夜冒风雨动员了42副担架。群众替他下了结论："谁不能完成的任务，三十里能完成。"蒋军占领了白驹镇后，宋永喜就决心坚持斗争。当时，有9个青年跑出来说："我们死也跟三十里走。"蒋军搬走了宋永喜家里用具，企图以此威胁他，但他却置若罔闻地说："只要留得人在，不怕没得家具。反攻的时候一到，还不都是我们的！"那时部队里正下着一个奇怪的紧急命令："宋永喜同志立即停止工作，争取时间休息。"队员们拥在一起屈指计算，三十里已有五昼夜没有合眼了，他一直在忙着对敌斗争。就在他接到休息命令的当天晚上，他刚一睡下，忽然想起了军属的粮草要处理，于是又匆匆地走了。

在一次严寒的夜里，北风呼啸着，三十里护送某部转移到一条大河边，情况不清，又无船只，大家都感到进退两难。三十里毫不迟疑地脱下衣服游过大河，找来船只。当把所有人安全渡到对岸时，他浑身已经冻僵了，但他还是咬紧牙关，把大家送到目的地。在十多里的行军中，他光着脚，冻得趔趔撞撞，曾三次跌下河湾。有些认识他的人感动得流泪说："三十里啊，上面不是叫你休息吗？你够辛苦的啦。"他却笑着回答："为了革命工作，多吃些苦，我觉得是痛快的。"

他跑得快，比子弹还灵活

宋永喜是我们的交通员，经常在白驹西团之间跑交通传情报。那时候全靠两条腿来回奔跑。他身体素质好，夜星里一个时辰能跑三十里。《水浒传》里108将中有个神行太保戴宗，而宋永喜是现实版的中"神行太保"，被人们称为"英雄三十里"。有一次，他从白驹往西团送紧急情报的途中，被两个伪军发现了在后面紧追。见宋永喜跑得快，眼看追不上了，两个伪军便边追边开枪。子弹在宋永喜身后嗖嗖地乱飞。宋永喜急中生智，顿生一念。子弹虽然厉害，可它不会转弯，他赶紧往河滩上的芦苇丛里一钻，继续飞跑。敌人看不见宋永喜的身影，又害怕芦苇丛中有埋伏，只好朝他跑去的方向放了一阵乱枪后走了。就这样，宋永喜及时准确地将重要情报送到了区队部。

他一个猛子，能扎过河中心

有一次，区小队为了打击敌人的嚣张气焰，准备夜里对驻扎在大河南边的一股敌人实施偷袭，但又担心兵力不足不能冒险行动。宋永喜同志主动请缨游河过去侦察。当时正是冬季，水寒刺骨，加之鸭子岸河段是串场河的弯子口，水深流急。队领导默默地看着宋永喜没有说话，宋永喜知道领导是在担心他的安全，当即说道："请领导放心，没得事！我一个猛子就能扎过河中心。"当晚，宋永喜为了驱寒，喝了两盅白酒，然后把酒盅朝肚脐眼上一扣，用布带子在腰里绑好，借着夜幕的掩护，悄无声息地潜到敌人的眼皮底下。

侦察中，他发现敌人早有防备，还增加了两挺机枪，正准备第二天下乡来扫荡。区队领导获得准确情报后审时度势，决定取消当夜的偷袭计划，连夜组织民兵和群众及时转移，避免了人员伤亡和损失。宋永喜同志的勇敢侦察行动受到了上级党组织和区队领导的表扬。

他大义灭亲，智擒伪镇长舅舅

1947年8月17日，华东野战军第11纵队解放白驹的战斗一结束，宋永喜就立即组织人员清理战场，唯独没有发现白驹镇伪镇长王某成这个坏家伙。王某成平日欺压百姓，作恶多端，坏事干绝。虽然他是宋永喜的嫡亲舅舅，但宋永喜决心亲手将其擒获，为老百姓铲除祸根。

当搜查到李哑巴的屋前时，哑巴连打手势暗示，宋永喜立刻心领神会。他在屋外虚张声势："一班向左，二班向右，三班跟我来！"然后用盒子枪敲着隔墙板发出空声响，对里面大声喊道："王某成快出来，不出来我就开枪了！"狡猾的王某成一听是宋永喜，心里窃喜：自家亲外甥，估计不会为难我。便吞吞吐吐地应声："不要开枪，都是家里人。我有一支枪交给你们。"边说边从里边爬出来。宋永喜立刻上前，一把揪住王某成的衣领，几个民兵连拖带拉地将王某成带向了东桥口。这时盘踞在草堰、刘庄的敌人从南北两个地方赶来夹击白驹，枪声不断，头顶上还有敌机疯狂扫射，情况十分危急。

宋永喜不顾个人安危，用枪口紧紧地顶着王某成的脑袋，冲出东桥口，将王某成押送到了区队部。经审讯后召开了宣判大会，将罪恶累累的王某成处以死刑。当地群众拍手称快，都夸宋永喜不徇私情大义灭亲，伸张了正义。

作于2024年3月23日

"韬奋精神"薪火相传

◇ 陈万荣

6月1日早晨，金色的阳光普照大地，小海中学校园披上了节日盛装。操场上空的五星红旗迎风飘扬，同学们穿着漂亮的校服，戴着鲜艳的红领巾，排着整齐的方阵参加六一儿童节庆祝大会。

庆祝活动刚刚开始，一群满头银发的老人走进了校园，他们不是学生家长，而是阔别母校半个多世纪的65届初中毕业生回"娘家"来了。该校党支部副书记李小平连忙迎上前来，带领老校友们参观校园。

他们一行首先来到教学楼西南角的德育基地韬奋园，韬奋园由憩园、韬慧亭和文化长廊三部分组成。憩园之内柏树森森，邹韬奋先生的正面半身塑像安放在大理石基座之上。基座正面是时任中共中央总书记江泽民在韬奋先生100周年诞辰纪念大会上的题词：继承和弘扬韬奋真诚的为人民服务的精神。基座背面镌刻着毛泽东主席1944年11月15日在延安追悼韬奋先生大会上的题词：热爱人民，真诚地为人民服务，鞠躬尽瘁，死而后已。这就是邹韬奋先生的精神，这就是他之所以感动人的地方。

韬奋先生塑像的西面是韬慧亭，两根柱子上书写着一副对联：爱人民鞠躬尽瘁死而后已；守真理宁为玉碎不为瓦全。亭子后面长满翠竹，两旁则是常绿树木。

韬奋先生塑像的东面有一条文化长廊，书写着韬奋精神的内涵：精忠于国的爱国精神，砺精于业的敬业精神，服务于民的担当精神，笃行于志的执着精神。《邹韬奋在小海》版块的内容一下子吸引了众人的眼球，大家纷纷拥上前去观看。

邹韬奋，原名邹恩润，江西省余江县（今鹰潭市余江区）人，1895年出生于福建永安，先后就读于福州工业学校、上海南阳公学、上海圣约翰大学。邹韬奋先生是我国现代史上卓越的文化战士，伟大的爱国者，著名的政治家、出版家和新闻记者。他1926年接任《生活周刊》主编，以犀利之笔，力主正义舆论，抨击黑暗势力。九一八事变后，韬奋先生坚决反对国民政府的不抵抗政策，宣传团结抗日反对内战。

1942年11月，韬奋先生从广东经武汉、上海，来到苏北华中抗日根据地考察。他途经小海镇，在台北县政府所在地公侯庙（现镇海寺）抱病向社会各界人士、新四军指战员作了两个多小时的演说，揭露了旧中国通货膨胀、苛捐杂税多如牛毛、民不聊生的真实情况，痛斥了国民党反动官僚争权夺利、军阀之间相互倾轧不顾人民死活的无耻行径，揭穿了国民党反动派假抗日、真反共的丑恶嘴脸。他热情讴歌抗日根据地军民在抗日民主政府的领导下，同仇敌忾奋勇抗日的壮举。他特别推崇根据地社会秩序安定，道不拾遗、夜不闭户、人民安居乐业的景象。他强调在根据地看到了一辈子为之追求与奋斗的和谐民主，在中国共产党人身上看到了真正的民主，也看到了中华民族未来的希望。

小海镇附近的数千名各界人士聆听了韬奋先生的演说。韬奋先生还现场解答了听众提出的问题，并为许多进步青年签名留念。而后，韬奋先生又在小海镇西桥口（现小海中学），以及沈灶大礼堂、万盈墩等地发表演说，使老区各界受到了极大的鼓舞。

纪念活动结束后，该校党支部书记、校长黄长保邀请老校友们一起参观"韬奋精神传承馆"。走进馆内，首先映入眼帘的是毛泽东、周恩来、朱德以及宋庆龄、邓颖超等老一辈无产阶级革命家纪念韬奋先生的题词，并以图文并茂的形式介绍韬奋先生的生平事迹，同时陈列着《大丰县志》《小海镇志》，其中可以查阅韬奋先生在苏北抗日根据地活动的历史，还有当年与韬奋先生一起参加活动，时任台北县县长杨天华、沈灶镇镇长缪淦润等人的回忆文章，以及《解放日报》1978年7月24日刊登的张仲实回忆邹韬奋的文章等历史资料。

黄长保介绍说，为缅怀韬奋先生，继承韬奋遗志，弘扬韬奋精神，打造韬奋文化，1991年5月，原大丰县人民政府在镇海寺立了一座"邹韬奋同志抗日救国演说纪念碑"，小海中学也在校园内建了一个德育基地——韬奋园，接着建起了"韬奋精神传承馆"和"韬奋精神艺术馆"。"韬奋广场"项目已经批准，即将开工建设。韬奋园及配套设施，成为在校师生进行爱国主义思想教育的大课堂。在韬奋精神鼓舞之下，全校涌现出许多新时代先进典型和模范人物。

姚春海老师担任班主任近30年，所带的班级多次被教育局表彰为"先进班集体"，他个人先后被评为"大丰市优秀班主任""盐城市优秀教育工作者""大丰好人"等。陈楠同学是学校学生会主席，她勤于思考，善于实践，品学兼优，独立自强，多次获得校"三好学生""优秀学生干部"称号，并被评为"新时代大丰好少年"。

黄长保校长感慨地说，德育基地建立后，也引起了社会的广泛关注，历届毕业生陆续返回母校，重温韬奋先生在小海进行抗日演说的革命故事，回忆学生时代的生活，畅谈家乡发生的变化，展望祖国的未来。

通过听介绍、看资料，这群年逾古稀的老同学百感交集，争相发言。原盐城市商业局局长沈海明满怀激情地说："邹韬奋先生百折不挠，坚持参加抗日救亡运动的爱国主义精神，永远值得人们学习。他鞠躬尽瘁、死而后已的奉献精神，更值得人们崇敬"！原王港乡党委书记夏孚宜表示："我们重温革命历史，一方面要做到知史爱党、知史爱国，不忘初心；另一方面要担当起教育子孙后代的使命，让韬奋精神薪火相传"。

作于2024年6月3日

"小鬼"抗战二三事

◇ 董爱中

1926年11月，吴祥出生于江苏南通一个卢姓大家族。后来家道败落，十多岁的他跟随母亲在一家饭店打工。1939年4月初，一位来自台北垦区的吴姓教书先生在店里吃饭时，发现小小的他特别机灵，便向店主打听其情况。在得知卢家子女众多且家境艰难后，无儿无女的吴先生当即表达了领养意愿。聪慧懂事的吴祥明白母亲的难处，表示愿意和先生回去。

来到垦区，吴祥发现自己是先生家领养的第三个孩子，家里经济来源主要靠先生教书和做点小生意。但在战乱时代，这样的普通人家也只能是勉强度日。

也许是早早经历了生活的磨难，吴祥有着超越年龄的成熟。1941年1月，新四军进驻台北地区，因战事需要扩充队伍，刚满14周岁的他瞒着养父母到部队驻地报名参军，以减轻家里负担。

"你个小鬼，人都没枪高，怎么打鬼子？快回去吧！"部队负责人见他身形瘦小，说什么也不同意。虽然遭拒，但吴祥并不甘心，偷偷尾随部队走了好几十里路。一位连长见他机灵，将其收编入伍，成为新四军苏中警卫团团部的一名通讯员，从此开启了他的军旅生涯。

1941年6月起，驻扎在苏北的日寇一面加快"伪化苏北"的步伐，一面频繁发动"扫荡"，试图消灭苏北抗日力量。1942年春天的一个下午，吴祥与战友们分散在群众家休息。蒙眬间，吴祥听到一声"鬼子来了"，便一跃而起，迅速与战友们转移，但最终还是隔着一条小河与鬼子不期而遇，双方立刻展开激战。

一阵短兵交锋后，对岸日军火力明显减弱。身处战线一侧末端的吴祥，发现日军一辆装有罐头的推车撂在一旁无人守护，便想拿几瓶回来和战友们打打牙祭。经过观察，确认推车附近没有火力后，他便跃出掩体准备过河"捡漏"。"小鬼，趴下！"随着一声大吼，"嗖嗖"两发子弹擦过他背后的米袋，早上刚领的二斤半米顿时撒了一地。原来，一名日军趴在对岸一处房顶上，视野相对开阔，吴祥的举动尽在他的眼底。在战友的掩护下，吴祥迅速撤回安全地带。他的这一鲁莽举动，虽被战友戏谑为"偷鸡不成蚀袋米"，但其后几日里，战友们分组轮流与他共餐，丢尽口粮的他享用的食物竟比平时还多。

残留在吴祥身体里的几块弹片中，有两块是自己人"送"给他的"礼物"。一次战斗中，敌人以一个土地庙为掩护形成火力点，与我军顽固对峙。根据战斗部署，吴祥和几名战友组成突击队，在其他战友的火力掩护下冲到土地庙墙脚下。

"卧倒，小鬼！"正在寻找突破口的吴祥听到身后一声喝，扭头一看，只见一颗手榴弹在他不远处"嗞嗞"冒着烟，他立即趴倒在地。随着一声巨响，几块弹片还是击中了他的后背……后来他才得知，由于手榴弹太重，战友没能扔过庙顶便滚了下来。经过几次类似的教训，新四军开始研制轻型手榴弹，以便更好地消灭敌人。

1943年初，台北人民在党的领导下，开展大规模的反伪化、反扫荡、反蚕食斗争，狠狠打击日伪顽势力。2月，吴祥调至台北县政治保卫队任副班长。刚上任不久，保卫队便接到除掉龙堤乡伪乡长韦网庆的任务。当时韦网庆常驻新丰镇，带有百十名伪兵，要想除掉他如同虎口拔牙。经过商量，吴祥与战友们决定智取。

一日上午，一名战友身穿马褂、头戴礼帽，化装成商人，吴祥与其他战友扮成随从。到达新丰镇汉奸韦网庆家附近，正好有个马戏团在表演，看戏的人围了一圈又一圈。如此良机，岂能错过！乘人多之际，吴祥与战友们伺机混进韦网庆家，经过一番寻找后悄无声息地要了其性命。待伪军发现情况不对劲时，韦网庆早已毙命，而吴祥一行也已安全撤出了新丰镇。

1944年1月，吴祥光荣入党；1950年3月，任台北县警卫连连长；1952年10月，被任命为大丰县公安局看守所所长……当年的"小鬼"已蜕变为一名经验丰富的革命战士。

1981年9月，时任大丰县公安局副局长兼看守所所长的吴祥光荣离休。2005年9月，吴祥荣获中共中央、国务院、中央军委颁发的"中国人民抗日战争胜利60周年"纪念章。

2015年，为纪念抗战胜利70周年，90高龄的吴祥作为抗战老兵应邀走进大丰烈士陵园，重温抗战记忆，为大丰政法干警们讲述了裕华攻坚战、七灶河伏击战和沈灶街巷战等几场本土战役，以及李增援、方强和陈朝荣等抗日烈士的英雄故事，再现了抗日战争后期大丰抗日军民与日伪军进行反"扫荡"反"屯垦"的复杂斗争过程，为新时期政法干警铭记历史、传承信仰、忠诚履职、公正司法提供红色精神动力！

本文刊发于2015年第九期《清风苑》

镇海寺的钟声

◇ 卢群

小海八景中，镇海寺当属第一。有诗云："野外孤寺树作邻，白云霭霭覆垣堙。东风时送钟声晓，惊醒渔樵梦里人。"

相传清朝初年，大海里漂来3尊神像，到了小海，竟不走了。当时的小海，正被泛滥的潮水折腾着，苦不堪言的民众，做梦都想找个靠山保护自己。神像的到来，给了他们无限的希望，于是他们有钱的出钱，有力的出力，只几个月时间，镇海寺便建成了。

说来也奇，镇海寺建成后，海水温柔了许多，毁灭性的大潮再没有过，人们抓住这难得的安宁，烧盐煮海、繁衍生息。不知不觉，小海竟成了繁华的贸易中心。

时光的年轮，很快走进1941年。这天，气候有点反常，都4月底了，还像处在寒气逼人的冬季。不过人们都没在意，钟点一到，众僧就开始打坐念经，灶民就开始刮泥吸海，商铺就开始忙碌生意，娃娃就开始读书写字……

晌午时分，几发炮弹呼啸而来。硝烟过后，温馨不见了，安详没有了，僧人死的死伤的伤，镇海寺成了废墟一片。

清醒过来，人们顿足："菩萨遭殃了，大难要来了。"

大难真的来了。一群强盗，挑着膏药旗，端着三八大盖枪，所到之处，火光冲天，哭声一片。镇海寺已遭重创，强盗们仍不放过，所有值钱的东西能拿的拿走，拿不走的砸掉。古诗中提到的那口古钟乃唐代宝贝，几个识货的强盗团团将它围住。危急时刻，古钟突然坠落，将为首的强盗当场砸死，其余的强盗害怕了，只得乖乖地将其放回原处。

翌年深秋，寂寞了一年多的镇海寺，突然又热闹起来。

一大早，满地的残砖碎瓦被清理一空，原先安放香炉烛台的地方，搭起了一个简易的棚子，里面放了一张四方桌、几条长板凳。

"长老们回来了？"

"要修复寺庙了？"

一位路人不由得停下脚步。

"哪里啊，是邹先生演讲呢，比修建庙宇重要多了！知道邹先生吗？大名鼎鼎的'上海七君子'之一！"被问者自豪地回答。

"邹先生来了？"

路人眼睛一亮，走南闯北十多载，邹先生的为人早已耳闻，能在家乡见到这位英雄，真乃一大幸事。

谈话间，新四军战士来了，民兵武工队来了，附近的民众来了，偌大的场地，片刻聚满了人。

不一会儿，一位身穿浅蓝色长袍，戴着一副眼镜的中年人，在司令员的陪同下步入会场。司令员兴奋地介绍："同志们，这位就是邹韬奋先生。邹先生是著名的爱国人士，杰出的新闻记者，早在抗战初期，邹先生就大声疾呼，停止内战，一致对外。他主办的《生活周刊》，不知鼓舞了多少热血青年。今天，邹先生不远千里来到这儿，宣传抗日道理，传播革命种子。他的演讲，将对我们的抗日救国运动，起到积极的推动作用！"

热切的目光中，邹先生扶了扶眼镜，从卢沟桥事变到南京大屠杀，从正面战场的浴血奋斗到敌后抗日民众的顽强不屈，激情演讲引发强烈共鸣。谈到皖南事变时，邹先生说："皖南事变后，蒋介石宣布新四军为叛军，取消番号，可是我看到更多的新四军，仍战斗在大江南北。中国人要想过好日子，道路只有一条，那就是团结一致，共同对外，将日本人赶出中国去！"

"当……"镇海寺的钟声骤然响起。抬眼望去，一位僧人紧拽着绳子，使劲地敲击着古钟。激越的钟声似惊雷滚滚，震撼着现场每一个人的心。

"打倒日本帝国主义！"

"中国共产党万岁！"

不知是谁带的头，振聋发聩的口号轰然炸响。

讲演结束后，乡民纷纷拥上前去，要求参加新四军。路人也忘掉要做的事，加入参军的行列。

看着这沸腾的场面，邹先生非常激动，当即改变行动计划，到各分场巡回演讲。邹先生此行目的地是延安，那是他朝思暮想的地方。

连日的奔波和辛劳，邹先生更加瘦弱了，讲到最后一场时，竟晕倒在演讲台上。医生一检查，耳癌！所有人都惊呆了。其实刚到小海时，邹先生就已感到不适，耳朵里像开着飞机，轰隆轰隆的，咽喉又红又肿，咽口水都很困难。可邹先生从没跟谁讲过。延安是去不成了，万不得已，邹先生只得在众人的劝说下返回上海，但还是错过了治疗时机。

邹先生逝世的消息传来，民众无不痛惜。为了纪念邹先生，人们在镇海寺东侧竖起了一块纪念碑，上面恭恭敬敬地写着：邹韬奋同志发表抗日救国演说纪念地。

（本文刊发于2016年3月《金山》，入选部编小学语文教材语文素养核心读本三年级下第二册）

红色历史的回响

◇ 陈同生

　　追忆大丰的历史，我们脚下的这片热土，前身为东台市北部的广大区域，其中心地带叫作台北垦区。这是一方充满神奇的红土地，是新四军"东进北上"后建立的一个红色政权。这里从远古的盐业走来，一路高歌猛进，步入社会主义现代化建设的新时代；这里留下了爱国实业家张謇，无产阶级革命家刘少奇、陈毅，大将粟裕和无数新四军将士浴血奋战的光辉足迹，拥有璀璨夺目的地方史和丰富的红色资源，许多英雄传奇的故事，至今仍然为人们所传颂。这段红色的历史回声，仍然在我们耳边激荡。

　　回顾20世纪30年代，在敌寇入侵，大片国土沦丧，中华民族存亡的危急时刻，中国人民同仇敌忾，团结一致，坚持抗战。1938年10月，中日"武汉会战"后，日军已失去战略进攻的能力，抗日战争进入相持阶段。此时，位于黄海之滨的台北垦区大中集小镇上的富商子弟、进步青年张学敦坚持用自制的矿石收音机每天夜间收听延安新华广播电台的广播，并把记录下来的抗战新闻抄写在白报纸上，张贴在自家店铺的门板上，让进城办事的行人观看，并同时刊登在我党秘密领导的淮安抗日同盟会东台分会所办的《火花》等周刊上。徐鸣（徐学海）、朱道生、朱道平、张炎、陈松涛、马晓天等一批知识青年分散深入到大中、新丰、南阳等"台北垦区"的主要集镇，与当地的抗日同盟队员学习交流与讨论。此外，他们还组织大中集的40多个爱国青年，每日在大中小学的操场上进行军事操练，形成了垦区民众积极抗日、救亡图存的浓烈氛围。

　　1940年5月，江南新四军叶飞、管文蔚部组成新四军挺进纵队，率先进入江都大桥和吴家桥地区。在取得"郭村保卫战"胜利之后，7月中旬，陈毅、粟裕亲率江南新四军主力渡过长江，北上进入泰州黄桥地区，着手建立以黄桥为中心的抗日根据地。但是，反共顽固派国民党江苏省主席韩德勤却于9月30日，纠集了26个团共计3万余人分三路进攻黄桥，被我军各个击破，10月5日，韩德勤部全面溃败。6日，我军沿着范公堤向北全线追击败逃的顽军。7日，攻占海安。9日，占领东台。10日下午，新四军在白驹镇与南下增援的八路军第5纵队黄克诚部的先头部队胜利会师。13日，进占西团镇。14日下午，进驻垦区中心集镇——大中集。

其实，新四军即将来到台北垦区的消息，张学敦等进步青年事先早就暗地里知道了。因为就在陈粟二位首长当年7月份带着江南新四军主力进入黄桥地区后，张学敦就特地派自己店铺里的伙计张建模（余明）和倪少锋先后去扬中、泰州、东台等地联络上了新四军。新四军民运工作负责人陈时夫同志指示张学敦、余明等人赶快回台北垦区组织发动群众，准备迎接新四军。

10月14日那天下午，天气晴朗，阳光灿烂。前一天张学敦就前往西团镇为新四军带路，他把新四军挺进第二纵队一营人马从西团镇带到了大中集。大中集战时小学校长徐鸣带着张炎（张显成）、顾怡玉等几个青年教师和几十个高年级学生列队举着红旗敲锣打鼓来到城南大路口热烈欢迎新四军的到来。徐鸣、张炎等人把新四军带到了二卯西河南的大中小学的操场上，举行了隆重的群众集会。他们燃放鞭炮，高呼抗战的口号，热烈欢迎新四军。徐鸣首先上台，发表了热情洋溢的欢迎词，新四军二纵队六团一营营长何凤山上台表示答谢，并向大中集社会各界群众宣传了中共中央领导人毛泽东同志关于命令新四军开辟苏北，"发展华中"抗战的重要指示和重大意义，号召大中集社会各界人士支持和拥护新四军抗战。会后，新四军官兵被大中集商会安排住进了"中国农民银行大中集办事处"仓库和"张大癞子棉花行"里面。

新四军来到大中集的第二天一大早，民运工作干部就上街张贴宣传抗战的标语，并在街头用大方桌搭起宣传台。他们站在台上向大中集的市民演讲，宣传中国共产党的抗日救国主张。后来参加革命工作的原大丰公司职员朱道平同志生前回忆：新四军战士们每天的一举一动都受到了小镇上许多群众的围观。他们在"农民银行"（当时国民政府可发行法币的四大银行之一）仓库里席地而卧，睡在草铺上。吃饭前，他们排着队唱着革命歌曲，然后把菜盆放在地上，8个人围着吃饭。他们待人说话和气，还帮群众担水扫地，深受群众的喜爱。战士们唱着《黄桥烧饼歌》《新四军军歌》《三大纪律八项注意》《家家户户种田忙》等革命歌曲，歌声嘹亮动人。大中集的青年男女听了，久久不愿离去。整日间，大中集的居民们街谈巷议的话题都是新四军，都是刚刚听来的抗日救国的大道理。抗大五分校在大中集街上张贴布告招生，大中集街上的知识青年一下子就被招走了30多人。接着，南阳镇上的知识青年也跟着去了20多人，相继踏上了抗日救国的革命征程，之后一批批青壮年陆续参加了新四军。他们转战大江南北，为中华民族的解放贡献了青春和热血，乃至生命。

10月15日，东台县抗日民主政府宣告成立，接管了国民党东台各区区公所。数日后，在大中集社会各界人士的热烈欢迎与拥护下，刚刚被新四军委派的抗日民主政权——东台县县长彭冰山专程来到西团、小海、大中集等地，召开当地中上层人士座谈会，并在大中集"长康花行"作了热情洋溢的报告，阐明了中国共产党抗日救国爱民的方针政策，号召社会各界全力支持坚决抗日的新四军。大中集各界积极响应号召，发动妇女为新四军将士赶制过冬的棉衣、棉被和鞋帽；许多开明士绅、资本家及大垣商主动向新四军捐款捐物。其中，大中集富商朱孔修一下子捐出皮棉20多担，并从老家南通的土布作坊里运来数百匹棉布，后来还捐了5万银圆。

新四军挺进纵队来到大中集以后，大中集社会安定祥和，小街上的商店家家户户开门，照常营业。人们热情接待新四军官兵，商会在"同乐楼"饭店设宴款待部队官兵。大革命时期参加地下党的高月斋主动到六团一营营部帮助工作；医生洪步洲主动前来帮助照料伤病员。解放后任江苏省人大常委会主任的戴为然生前回忆说："军民关系水乳交融，这种情景在其他城镇是没有的，新四军对大中集的印象非常好。"在新四军来大中集的前一天，驻守镇上的实业保安队的官兵闻讯已经逃往龙王庙（今三龙镇）一带。张学敦、徐鸣和朱道生把国民党军政训处埋藏的电台和铅字印刷机等物资，从地下挖出来送给了新四军。朱道生还检举揭发了棉改所主任顾某将携公款潜逃的信息。随后，顾某获得的非法钱款被全部没收并用于抗日工作。

此时，张学敦、余明、徐鸣等一大批进步青年都放下了自己手中的工作，全力以赴配合新四军民运工作队搞好根据地开辟工作。在他们的积极帮助下，"台北垦区"成立了青抗会、农抗会、工抗会等抗日群众组织。在大中、新丰、南阳、通商等垦区四大中心集镇组织群众开会学习宣传。张学敦还以其兄大中集镇长张学诚的名义为新四军招兵200余人，并由镇商会筹备了武器等装备。新四军二纵队政治处林胜国与民运工作队长江潮介绍张学敦、余明、徐鸣、朱道生4人加入中国共产党。他们4人是新四军进入垦区后首批发展的新党员。朱道生同志生前回忆："我们的入党时间是1940年10月25日晚上，宣誓地点在大中集二卯西河北的战时小学教室里。预备期3个月。"新入党的党员都属于部队的党员，编在二纵队党支部。

为了进行"曹甸战役"，彻底消灭韩顽的残余部队，在中共中原局书记、新四军政委刘少奇、代军长陈毅、新四军一师师长粟裕、三师师长兼政委黄克诚等首长的指挥下，新四军二纵队司令员王必成部驻大中集、小海、西团等地的3个营全部开往曹甸地区集结并参加战斗。就在二纵队6团出发之前，部队首长要求张学敦、余明等4人跟随部队一起奔赴新战场。

但是，由于新四军刚刚进入台北垦区，首要的任务就是建党、建政，建立地方武装。东台县民主政府成立了小海中心区，区长为民主人士、小学校长马晓天，并同时建立了大丰革命史上的第一个区委——中共小海中心区委。区委驻小海商会，由东台城工委副书记戴为然兼任书记。戴为然来到大中集，他与二纵队首长协商，把朱道生、徐鸣同志留了下来，组建了中共大中集党支部，朱道生被任命为党支部书记。支部成员有徐鸣、钱有康、周沈根、顾荫山、杨德成等人。徐鸣担任民运指导员，其他同志分别负责农抗、工抗和组建地方武装等工作。这为进一步发动与组织领导台北垦区人民群众投身抗日奠定了坚实的社会基础。

是年秋，阴雨连绵，霜期提前，棉花大量减产。佃户不得不要求减租，大丰公司则坚持按照原定的议产标准收租，业佃双方争执不下。在中共小海中心区委书记戴为然的领导下，坚持我党的"统一战线"政策，领导大中集党支部，组织群众代表同公司说理，并组织群众游行示威。在社会各界民众的强大压力下，经业、佃、政府代表人员组成的仲裁委员会仲裁，"大丰公司"被迫同意佃农以原议租时估产的50%再打九折交租。减租斗争取得了胜利，新四军赢得了垦区民众的衷心拥护。

鉴于对敌斗争的战略需要，新四军一师师长兼中共苏中区党委书记粟裕不失时机地提出"开辟台北"的战略决策，经苏中区党委批准，1941年10月，成立东台县委台北分县委、东台县政府台北行署。1942年5月、8月，相继成立台北县委、县政府，1944年11月撤销台北县，并入东台县。经过不懈的努力，该地区逐步建设成为苏中地区闻名遐迩的"模范抗日根据地"，为中华民族的独立与解放作出了巨大的贡献。抗日战争胜利后，经中共苏皖边区人民政府批准，1945年11月重建台北县。为避免与我国台湾的台北市重名，1950年7月，经中央人民政府政务院批准改名为大丰县。

如今，尽管战争的硝烟早已散去，但是当年台北军民共赴国难顽强斗争的呐喊声，顶着狂风雨雪推着小车、划着小船运送粮草和伤病员勇往直前的呼号声，冒着枪林弹雨冲锋杀敌的喊杀声，构成了一曲荡气回肠的英雄交响乐，至今仍然余音缭绕，一直回荡在黄海之滨上空。激励着新一代大丰人意气风发地走进新时代，激励着子孙后代顽强拼搏，接续奋斗，砥砺奋进！

作于2024年5月17日

新四军裕华围歼日伪军

◇ 王步中

1941年7月，日寇占领盐城并对盐阜地区进行大扫荡。为配合反"扫荡"，我苏中一师二旅部队划属军部直接指挥，二旅由王必成任旅长、刘培善任政委、杜屏任参谋长。根据军部指示，苏中一师二旅的任务是在通榆路沿线，积极抵御北上进攻之敌，迟滞敌人进攻速度，并在西至秦南仓、湖垛，东至海边，南至东台，北至南洋岸的范围内，伺机打击日军。作战方式是以五团分成若干分队，步步阻击日军；四、六两个团以连、营为单位，在盐东与兴化县境内分散行动，伺机歼敌。苏中一师二旅择机袭击刘庄、伍佑、上冈等据点的日军，支援盐阜区的反"扫荡"。

日军在盐阜区扫荡后，虽然占领了盐城，但消灭新四军军部和主力部队的企图破灭了。然而他们还不死心，又回师南下，于8月13日对我苏中地区发起了大扫荡。根据军部指示，苏中一师二旅决定围歼裕华镇守敌，以积极的作战行动，牵制日军。

裕华是一个不足千人的小镇，这里水陆交通便利，所处地理位置十分重要。有二卯酉河、大华公路通向大中集，西接串场河与通榆公路，南北有一条马路，可通向苏北抗日根据地。它与通榆线上的重要城镇盐城、东台构成等腰三角形。而裕华、大中集、刘庄正位于这个等腰三角形的中心线上。敌伪占领裕华后，切断了苏中、盐阜两大根据地的南北交通。

知己知彼，周密分析

日军深知裕华镇地理位置的重要性，但不敢孤军深入。这次，他们利用向盐阜区大扫荡、新四军无暇顾及之机，侵占了裕华、大中集、刘庄，构筑了坚固工事，以便火力防守，长期占领。二旅领导经周密分析研究，决定首先拔除敌人插在裕华这个我根据地内的钉子。

"知己知彼，百战不殆"，经侦察和走访群众了解，得知裕华日军是一个加强排30多人，伪军一个连100多人，近邻的大中集驻日军一个中队、伪军一个团。要拿下裕华据点，必须把打援组织好。只有关起门来打狗，才能保证攻坚战的胜利。为了打好增援阻击，四团团长刘别生曾三次侦察地形，选择伏击地段。裕华到大中集15里，有公路和二卯西河通向大中集，交通便利，这就增加了阻击日军的困难。因此，决定把路挖断，构筑伪装隐蔽的防御工事，并在河里设置障碍物，阻止敌船通过。

作战的不利因素是日军进驻裕华二十多天来，构筑了坚固的防御工事。日军据点在裕华街市的东北100多米处，其主堡由原裕华公司气象台改建，全是钢筋水泥结构，位于高墩子上。有两层楼高，居高临下，视野开阔，便于火力发挥。除主堡外，日军还修建了暗堡、瞭望台、散兵坑、交通壕、铁丝网，并布有鹿砦等障碍物。该据点南边、西南边是一个10米宽的月牙形深水池塘，只有一条不到2米宽的坝埂与街道相通。据点东边是一条小河，河的外边和据点北边是开阔地，西北边50米处是伪军据点。伪军据点西边是子午河。从敌伪据点构置看，易守不易攻，加之日军武器精良，而二旅仅凭机枪、步枪、手榴弹，要攻下这个碉堡是相当困难的。

有利因素是裕华镇原是抗日根据地，群众基础好。自从日军占领裕华镇后，奸淫烧杀，人民群众受尽了蹂躏之苦，无时无刻不望解救。裕华据点东、南、北三面是我抗日根据地，只有西边有日军，便于我集中优势兵力进行围歼。

精心部署，沉着进攻

二旅政委刘培善、政治部主任陈时夫召集台北地区的党政军主要负责人开会，说明了部队将要攻打裕华敌据点，要求地方上大力支援，配合部队打好这一仗。为了集中优势兵力歼灭日军，我军调集了全旅的主要兵力（四团的全部，五团、六团各一部）投入这次战斗。四团是坚持南方苏区三年游击战的红军部队，在苏南打日军被称为"老虎团"，日军听了就害怕。因此，把主攻任务交给四团。具体部署是：四团3营与特务连一个排主攻裕华，四团一营与六团一营、加上特务连的另两个排插入裕华与大中集的中间阻击大中集的来援之敌。五团一个营部署在西团、小海一线，以防东台、白驹、刘庄日军的增援，四团二营作为预备队。

　　准备工作就绪后，旅部召开各团负责人会议，制定了先攻打伪军据点后围歼日军据点的作战步骤。最后，旅长王必成强调："裕华攻坚战是一次硬仗，不管主攻还是打援，都必须发扬新四军顽强的战斗作风和不怕流血牺牲的勇敢精神，做到攻无不克、战无不胜。"为了不走漏风声，我参战部队于8月15日，分别从几十里以外的盐东县和沈灶、大桥方向以急行军速度进入阵地，天黑以后，完成了对裕华敌据点的包围，切断了裕华日伪军与外界的联系。

　　晚上10点钟左右，新四军从西北方向越过子午河，完成对伪军据点的包围。首先开展政治攻势，向被围困的伪军喊话："和平军的弟兄们，我们都是中国人，中国人不打中国人，不要替鬼子卖命！""我们是新四军主力部队，是来打鬼子的，你们放下武器走吧！"在二旅政治攻势与火力的威胁下，这群乌合之众有的缴枪投降，有的脱下了军装，扔下武器，向北逃窜，也有一些顽固分子企图带枪突围。新四军对这些死心塌地的汉奸给予狠狠打击，当场击毙十多人，只有少数乘混乱之机突围出去。这样，伪军据点成了新四军向日军进攻的前沿阵地。

　　为了避免远距离冲锋带来的较大伤亡，我军进行土工作业，挖蛇形交通壕，向敌堡逼近，在前进到距敌堡50米的地方，向敌发起了第一次进攻。我军集中全部火力压倒日军，突击队从西南坝口和东北方向的战壕里同时向敌发起冲锋，勇士如猛虎下山，一下子冲到了铁丝网的外围，狡猾的日军突然投掷催泪弹。因缺乏思想准备和没有防毒设施，不少同志中毒，头昏眼花，失去战斗力，有好几个同志中弹牺牲。这时日军凭借钢筋混凝土结构的主堡，负隅顽抗，火力很猛，后续部队又上不去，因无火炮等强攻武器，尽管集中火力掩护，但仍无济于事，上去的同志只好撤回来。这次进攻虽然受挫，但基本上掌握了日军的实力和火力分布情况，为下一步进攻创造了条件。

日军在碉堡高处，若我军第二天白天进攻，势必暴露自己，带来更大伤亡，而夜战是新四军的长处。因此，16日白天，主要是作好晚上总攻的准备，各连都组织了突击小组，研究进攻方案，除监视、骚扰日军防其逃跑的部队外，其余大部分撤到南阳一带休息，恢复体力，以利夜战。另外，还发动地方群众送来数百条棉絮胎、大桌子和门板等围歼物资。

监视骚扰日军采取声东击西办法，虚张声势地组织佯攻，诱使日军不断开枪，消耗弹药，造成日军的疲惫。

16日下午，根据侦察与情报人员报告，东台、盐城日军的活动异常，大中集方向正在进行阻援战，如不迅速解决裕华之敌，可能遭到敌几方面的进击，对我不利。因此，旅部命令四团要在午夜12点前拿下敌据点。六团团长刘别生向部队作了传达，并要求部队坚决、干净地消灭全部守敌。为了加强进攻力量，上级又把特务连的另一个排调来参加进攻。同志们听了旅团首长的命令，纷纷向党组织表示决心，请组织在火线上考验自己。

四面拒敌，击退援兵

夺取裕华攻坚战胜利的关键是阻止大中集日军的增援，保证我进攻部队的侧背安全。根据新四军二旅政委刘培善布置，台北县垦区区委书记杨天华委派缪宏光和吴忠海两位同志化装成农民模样去大中集侦察敌情。他们进入了大中集敌据点，先在一个比较熟悉的丁姓人家的商店观察动静，后到日军饭堂对面的铁匠铺里瞭望。8月15日吃中饭时，他们在观察中数了数日军的碗筷，得知有100多名日军。当天下午又从东台开来两只汽船，每只船又上岸二三十名日军，所以，大中集共有日军近200人。他们迅速出镇回根据地，向杨天华报告了这一情况。

新四军在15日晚包围裕华据点时，掐断了敌方电话线，裕华守敌只好打信号弹向大中集告急求援。大中集日军看到信号弹，又听到枪声，知道新四军包围了裕华，也打信号弹回答，但惧怕新四军夜战，未敢轻举妄动。16日拂晓，敌派出增援部队，由伪军在前面带路，分水陆两路向裕华镇扑来，首先与我警戒部队接火。我警戒部队边打边向后撤，将日军引向七里半的新四军埋伏圈，这里可利用高粱、玉米、棉花地的青纱帐作掩护，二卯酉河河堤小树、杂草丛生，便于隐蔽设伏。当日军离我阵地二三十米时，机枪、步枪、手榴弹同时向敌军猛烈开火。敌军遭突如其来的打击，乱作一团，新四军趁机反冲锋。这时日军投掷催泪弹，使我第一梯队中毒，失去战斗力。我第二梯队在连长项林荣的带领下，又冲上去，与日军展开白刃战，击毙和俘虏了一部分敌军，其中从水中活捉日军的军曹（班长）1名，重伤敌汽艇1艘。日军在慌乱中，只好再次投掷催泪弹、烟幕弹，掩护撤退。

日军第一次增援被我军打退后，又组织第二次、第三次增援，均被我军击退。我军乘胜追击，16日天黑以后，包围了大中集敌据点。四团一营与特务连的一部分从北门、东门进攻；六团一营从南门进攻，分别消灭了驻中棉公司仓库与二卯酉河南的伪军约200人，其余伪军惊慌失措地逃进日军据点。

艰苦作战，斗智斗勇

16日晚上9点，营连指挥员下达了向敌堡冲击的命令，我军三挺重机枪、五挺轻机枪与步枪一齐开火，压住日军的火力。突击队的勇士们顶着、推着用在水里泡湿的棉花胎包着的一张张大桌子（群众称为"土坦克"）冲向敌堡。当突击队员正准备冲过日军壕沟和铁丝网时，突然间，又冒出新的火力点，一张张大桌被打坏，一个个勇士倒下去，进攻又一次遭到挫折。接着又组织了两次冲锋，都因日军的机枪火力居高临下，封锁了四周，并施放催泪弹，指战员们赶紧退回壕沟，解下干粮袋或撕下衣服，用小便浸湿了，捂住嘴和鼻子，并监视日军防止其反扑。

二旅当时没有炮，而机枪、步枪和单个手榴弹对日军钢筋水泥结构的碉堡无济于事，只有用集束手榴弹才能将敌堡炸开。怎样才能将集束手榴弹送到敌堡呢？时间在一分一分地过去，已是晚上11点钟了，各级领导深入到前沿观察，想对策，征询指战员们的意见。有的战士讲，日军放催泪弹，二旅可以放"烟幕弹"，蒙住日军的眼睛，使它的机枪发挥不了作用。不少共产党员则主动站出来，要求当敢死队员，冲上去炸掉碉堡。经过反复考虑，二旅同意重新组织突击队，改用火攻，即在水龙头里装上煤油，用水枪将煤油喷射到碉堡上。要求突击队员把手榴弹用棉絮缠着，浇上煤油，当手榴弹炸时，点燃棉絮着火，引起据点内物资的燃烧。并挑选了几名优秀共产党员担任敢死队员，将集束手榴弹送上去炸毁敌堡。

一师二旅的敢死队员怀着视死如归和必胜的信念，将棉絮浇上煤油，然后缚在身上，捆好集束手榴弹，揭开了弹盖等待命令。他们向战友们挥手告别："为了民族，为了人民，我们永别了！"同志们的喉咙哽咽了，只能用热泪送别战友！指挥员一声令下，"冲啊""杀啊"的喊声与枪声、手榴弹爆炸声交织在一起，震天动地，气壮山河。刹那间，二旅突击队员推着一辆辆"土坦克"冲向了日军碉堡，一颗颗带着煤油的手榴弹掷进铁丝网。顷刻，鹿砦、房屋……都起了火，碉堡淹没在一片浓烟之中。

日军惊得不知所措。说时迟、那时快，敢死队员一跃而上，越铁丝网、过壕沟，箭步冲到了敌堡的门口，拉着了导火线，回过头来喊着："战友们冲啊！"话音刚落，"轰轰轰、轰轰轰"一连串巨响，敌堡的主门与过道门被同时炸开，两位英雄一转身钻进碉堡，拉响了最后一束手榴弹。浓烟烈火从碉堡里喷出来，日军的机枪顿时成了哑巴！同志们怀着满腔热血，呼唤着战友的名字，一口气冲过了铁丝网和壕沟。这时，没有被炸死的日军也从碉堡里爬出来，像疯狂的野兽一般嚎叫着横冲直撞，新四军与之展开白刃战。我英勇健儿以压倒一切的英雄气概，四处追杀日军，如入无人之境。经过半小时的血战，敌尸累累，血肉模模糊糊，横七竖八地倒在阵地上。

战斗结束后，营连向二旅旅长王必成和参谋长杜屏报告："没有抓到俘虏，日军都死了。"他们指示："要对尸体一个一个地进行清查。"结果，查出了3个重伤、2个轻伤、1个装死的，共6个俘虏。

战果丰硕，意义深远

裕华围歼日军战斗采用围点打援战术，共消灭日军一个加强小队36人，消灭、俘虏和瓦解伪军400人左右，缴获重机枪3挺，轻机枪8挺，掷弹筒4枚、步枪短枪200余支，拖船1艘，以及部分弹药等战利品。这是苏中一师二旅到苏北后对日军第一次攻坚战，也是消灭和俘虏日军最多的一次，受到了师部与军部的表扬。

裕华攻坚战中，台北地方党组织动员了大批支前人员，冒着生命危险，挑弹药、抬伤员、作向导、慰劳部队，把各种战斗物资与食物送到前沿阵地。对战斗胜利起了重要保证作用，这是不能忘怀的。

裕华攻坚战的胜利，是在没有重武器条件下取得的，是全体指战员不怕流血牺牲英勇奋战的结果。这次战斗拔掉了日军深入我根据地的钉子，恢复了苏中与盐阜抗日根据地的南北交通，沉重地打击了日军的嚣张气焰，有力地支援了盐阜与苏中军民的反扫荡斗争。同时，这次胜利击破了国民党顽固派污蔑共产党、新四军只搞摩擦不抗击日军的谎言，振奋了军心、民心，鼓舞了斗志，对发动群众坚持长期敌后斗争起到了很好的动员作用。

作于2022年2月10日

喋血龙王庙

◇ 刘立云

在盐城市大丰区西团镇沿河路一隅，曾经有一座造型古色古香的庙宇，当地人称之为——龙王庙。庙宇虽不大，但构造上也算得上"麻雀虽小，五脏齐全"了。庙前有宽敞的院落，院里的香鼎一年四季烟雾缭绕。正门前的旗杆上常年悬挂着"风调雨顺，四季平安"的旗幡。庙后有大片青松翠柏，一眼望去，幽幽深深看不到边际。庙的主体共有两进，一进是大堂，内有神像、神案；有佛龛、烛台；有大鼓、铜钟，还有面目狰狞的四大罗汉塑像。二进内有藏经书屋、厨房、储藏室各一间，东西两侧有带廊道的厢房共6间，还有3间附房是出家人的寝室。

1941年2月，盘踞在泰州的国民党地方军队李长江部，不顾民族大义，不知卖国求荣的罪孽，公然投降日军，对我苏中根据地军民构成严重威胁。我新四军一师二旅第三、四主力团奉命奔赴泰州进行讨伐。为防止日伪势力的偷袭，驻扎在东台县的新四军一师卫生部及伤病员、供给部、军械修理所、印刷厂、毛巾厂等12个后勤单位，分乘100多条民用小木船，从东台县城转移到台北县的西团、小海等地。

1941年2月20日夜晚，新四军后勤机关卫生部及七八十名伤病员到达了西团镇。轻伤员被安置在位于东团村的董家祠堂里，重伤员则住进坐落在小镇边上条件相对好一些，行动出入也比较方便的龙王庙内。此时，意图要获得重赏的汉奸密探，悄悄向日军告发我新四军后勤机关行动目标。2月24日上午，天气出奇的冷，寒风裹着细细的雪花，"呜——呜——呜——"地在天空翻卷，洒向了大地。才休整三天的新四军伤病员刚刚喘了口气，日本鬼子的3艘汽艇从兴化出发，途经白驹，一路快速东进，径直朝着西团方向袭击而来。日军一路烧杀抢掠，无恶不作。下午3点钟左右临近西团街，顿时枪声大作，火光冲天。听到枪声，驻守在龙王庙里的医护人员从枪声中断定是日本鬼子的偷袭。情况危急，他们立刻组织人员，分批将重伤病员转移到安全地带。

与此同时，安置在东团村董家祠堂的二十几名轻伤员，听到西南方向西团街上传来密集的枪声。感到情况骤变，眼看一场残酷的战斗就在眼前。伤员中一位年龄约莫二十八九岁、一副书卷气的干部，立刻往腰间插上一把驳壳枪，随手又从一个伤员战士身边提起一支步枪，大声说道："同志们，小鬼子已经打过来了，能参加战斗的，赶快跟我走！其余的同志由一排长带领，立即转移……"他边喊边冲出祠堂。在他身后紧跟着八九名伤势较轻的战士，一起往乌家场方向赶去，到了乌家场，他们朝天开枪吸引鬼子，掩护龙王庙和董家祠堂的伤病员迅速撤离。

日本鬼子带领伪军顺着枪声杀向乌家场。第一波冲上来的敌人，很快就被打退。敌人随后又发起了第二次猛烈攻击，并用机枪疯狂扫射。激战中我方已有好几个伤病员中弹，鲜血染红了洁白的大地。眼看敌人一波又一波向乌家场方向扑来。为减少无畏牺牲，那个书卷气干部立刻决定留下5名战士在这里拖住敌人，其余人赶快撤离。在他再三的催促下，有几名参战的伤病员顺利突围。其余的5人边战边退。经过近一小时激战，终因寡不敌众，全部壮烈牺牲。敌人又追出三四里路，不见其他伤病员，失去了追击目标，便又杀回镇上的龙王庙、晾网寺、小学校等处。

此时还有十几名住在龙王庙未及转移的重伤员被日本鬼子团团围住，丧心病狂的鬼子用汽油泼向手无缚鸡之力的重伤员，将他们活活烧死。鬼子们并未罢休，把庙内的住持及所有僧人捆绑在大堂内的柱子上，用刺刀一刀一刀捅死，然后一把火将龙王庙烧为灰烬，制造了惨绝人寰的西团龙王庙惊天血案。

在西团乌家场为掩护战友而牺牲的5名轻伤员中，有3人的姓名及部队番号已无从查实。全国解放后，原大丰县党史办公室的工作人员，经过多年南寻北访的不懈努力，终于在20世纪90年代初查明了其中那个看上去文质彬彬，身上充满书卷气，带领一部分轻伤员吸引敌人的年轻干部，他就是集编剧、导演、演员于一身的新四军战地服务团剧作家，《黄桥烧饼歌》《勇敢队》《打打打》等脍炙人口的战地歌曲词作者李增援。还有一个被大家称为"小宝子"的小战士，经多次查访核实，"小宝子"是新四军一师某团年仅16岁的司号员，入伍还不到一年。

说起李增援，大家可能还不怎么熟悉。他原名叫李增园，1913年2月21日出生于山东省莱芜市（今青岛市莱芜区）寨里镇太平街村。早年就读于泰安三中，1928年考入曲阜师范学校，同年加入中国共产党。1933年2月，进入上海美术专科学校西洋画系学习，10月考取南京国立戏剧专科学校。1936年，由杨帆（新中国成立初期任上海市公安局局长）介绍参加南京学生会抗日权益会，并成为负责人之一。1937年，在张光年的引荐下，由杜宣（著名剧作家、散文家）介绍参加新四军。次年1月6日，新四军成立战地服务团，李增援成为最早的团员之一。曾先后担任该团戏剧组组长、剧团副主任、新四军苏北指挥部战地服务团剧团主任、新四军一师战地服务团剧团主任等职。此间，独立或与人合作编写、导演了《重逢》《人财两空》《繁昌之战》《红鼻子参军》《一家人》等多部剧目，有些剧目成为战地服务团长期保留节目，并在苏中解放区军民当中产生了广泛影响。他因此多次受到陈毅等首长的表扬。《黄桥烧饼歌》和《勇敢队》，后来还被收入《抗日战争歌曲集》和中国音乐史册。

1940年冬，李增援因患肺结核病，住进师部的后方医院。次年2月，随队转移到西团。在西团乌家场牺牲的5名烈士，以及在龙王庙被日寇残忍杀害的十多名伤病员，如今已全部安息在被苍松翠柏环绕的西团革命烈士陵园内。

1994年4月，中共西团镇委员会、西团镇人民政府，在龙王庙的遗址上，也就是当年新四军伤病员遇难之处，设立了一座高大的"新四军伤病员遇难处纪念碑"。2008年2月21日，为纪念李增援烈士诞生95周年，西团镇政府大院内立了一块巨石，正面镌刻着遒劲的"增园"两个大字、背面镌刻有介绍李增援烈士生平的"增园记"，以便人们永远缅怀。

时过境迁，今天的西团镇已今非昔比，面貌焕然一新，一派国泰民安、欣欣向荣的景象。当年被日寇烧毁的龙王庙已不复存在，而庙后那片幽幽深深的青松翠柏依然枝繁叶茂。庄严肃穆的"新四军伤病员遇难处纪念碑"矗立在树林中央，指引着无数的后人前来凭吊、祭奠。

作于 2024 年 4 月 16 日

汤家舍战斗

◇ 卢群

"二杆子，就你们三人会叨叨，还不快睡！"

队长的大嗓门又响了起来。我们朝队长扮了个鬼脸，连忙闭上了眼睛。

其实不光我们没睡，大伙儿眼睛都亮亮的。下午的那场战斗，我们鸟枪换炮，全都扛上了"三八式"。现在这些宝贝就依偎在我们身旁，贼亮贼亮的，越看越喜欢。

"睡不着就起来吧，刚才村长报告，汤家舍来了一股敌人，盘踞在龙王庙里，到嘴的肉不吃白不吃！"队长一脸喜悦地走进来。

"噢，打鬼子去喽，打鬼子去喽！"我们全都跳起来。

月亮像没睡醒似的，迷迷蒙蒙的，正适合奔袭。我们虽然已有十七八个小时没休息，可是脚步仍然快得像飞一样，15里的路程，半小时就量完了。

远远地，龙王庙的窗户隐隐约约透出一丝光，萤火虫似的没精打采，我们一下子兴奋起来。

"你们先在这儿待着，我去摸摸情况。"队长吩咐道。

"我也去，我也去。"我们都叫起来。

"吵吵个啥？这个队伍是我当家还是你们当家？都给我乖乖地待着！"队长眼一瞪脸一沉，吓得我们再不敢吭声。

大约过了20分钟光景，队长回来了，浑身湿漉漉的。原来龙王庙前有条河，桥被敌人拆掉了，队长是泅水来回的。

"哈哈，小鬼子被打怕了，庙门关得紧紧的，只留一个士兵在放哨，咱们只要悄悄地干掉那个士兵，就能把其余的人一锅端了。"队长乐哈哈地说。

队长将我们分成三个组，从三面向龙王庙包操过去。距离龙王庙80来米时，我们已完成对敌人的包围。队长正准备偷袭哨兵，二杆子却不合时宜地打了个响亮的喷嚏。

"谁？谁？"哨兵"咔嚓"一声拉开枪栓。队长连忙吹响哨子，采取第二道方案。

"啾、啾……"哨子一响，我们的枪同时开了火。龙王庙里人影纷乱起来，跟着一挺重机枪架上了屋脊，胡乱地朝我们扫射着。我们在敌人的子弹下面手脚并用，匍匐前行，一直爬到距龙王庙约20米的地方。队长抡起膀子一扔，嗨，真巧，一颗手榴弹就飞上了屋脊。"轰"的一声巨响，人和枪一起滚了下来。

敌人一阵乱叫，又把机枪架到窗户上。哈哈，敌人明我们暗，不管怎么折腾，都不能把我们怎么着。我们就像平时练习一样，只管把子弹往目标上打，把手榴弹往目标上扔。不一会儿，庙顶炸掉一大半，敌人像没头的苍蝇似的乱撞乱转，有几个鬼子竟然稀里糊涂地跑到我们的枪口下。准备出击，收袋口！队长发出了攻击令。

"哒哒哒""哒哒哒"，突然，密集的枪声在我们背后响起。队长回头一望，不好，敌人援兵来了。

"停止攻击，向南撤离。四五子、三发子、二杆子，你们三个先撤，其余人跟我顶着。"

"为什么我们先走？"

"哪那么多话？让你们走就赶快走。"队长冲我们吼道。

我们没有走，情况这么危急，我们可不想当逃兵。我们悄悄地伏在队长他们身后不远的地方，随时准备策应。

战士们边打边退，不一会儿就退到我们身边。"你们怎么还不走？"队长怒目圆睁。

"我，我们想接应你们。"

"你们还小，打仗的机会有的是，李队副，你带他们撤，玉米地会合，大刘，咱俩掩护。"

我们还想争辩，李队副脸色一冷："听话，别给队长添乱！"

伏在玉米地里，我们紧张地盯着战场看。终于，队长回来了，是被大刘背回来的。队长身上多处中弹，肩头、胳膊和腿都流着血。所幸小鬼子没有追来，大概是慰问庙里的难兄难弟去了。

"队长，都怪我，如果不是我打喷嚏，咱们早胜利了。"二杆子哭着扑向班长。

"傻孩子，哪能怪你？要说我有责任，你鼻子有毛病，这些情况我应该事先想到，再说这些次行动是我个人主张，你们如果有个闪失，我对不起你们父母。"

事后我们得知，溃退到汤家舍的敌人，竟然是日军王牌师的一个小分队。他们以为有龙王庙庇护可以喘息一阵子，殊不知遇上我们这支天不怕地不怕的抗日小分队。哈哈，看来日军的王牌师也不过如此，不怕死的遇上不要命的，算他们倒霉。

汤家舍地处今351省道边，梦幻迷宫以东。

（本文刊发于2015年5月16日《大丰日报》）

八灶村的红色故事

◇ 袁红

惊蛰前一天，我和友人冒雨去了八灶。友人告诉我，他家几代曾经都是八灶河边的摆渡人。

沿着西郊梅花湾前的疏港路向西，走上十几里水泥路就到了八灶村。此时天青云散，骤雨已止。路过一座湿润的青砖破屋，这是八灶村以前的大队部，后面是供销社，向西这些农田过去曾经是一条繁华街道，有油坊、糟坊、布店、米行、豆腐坊、饭店、茶馆等商铺，过去繁荣昌盛的老庄子几乎没有留下多少痕迹了。

行走几百米就到了八灶河，傍着河边是友人大伯家，低矮的红砖草房据说有近百年历史，本来是烂泥垒头墙，后来翻修换了红砖。

该村1937年出生的周兰茂老人为我们绘声绘色地讲起了在几十年前这里发生过的几多英雄浴血奋战的故事。

英雄周银

周兰茂的祖父周同山生了两个儿子。大儿子是周兰茂的父亲，30岁就病死了，留下了病弱的媳妇和4个孩子。小儿子周春林，又名周银，是周兰茂的叔叔。周银很早就参加了革命，是新四军扩纵连连长兼指导员，专门负责地方征兵工作，为新四军输送新鲜血液。同时侦察日军的布防防御情况，为新四军提供真实可靠的情报。当年扩纵连连部活动地点在西团，日军屯兵在刘庄的紫云山。周银身藏两把快慢机驳壳枪，下午从西团出来，到离紫云山2公里左右的地方埋伏，察看地形，观察线路。然后朝日寇据点打了两梭子弹，趁着日军混乱之际将日军武器、兵力、装备等资料记录下来。他和后来做了堤东区区长的杨益林单线联系，为驻扎在兴化的新四军提供日伪军的第一手资料。

一次侦察过程中，周银不幸被伪军抓捕，关在兴化伪军据点，祖父想尽了办法，最后花了小麦6担、黄豆6担，写了保结书，保证他不参加共产党，才得以把人保出来。回家后，祖父为叔叔娶了亲，以为叔叔从此不再把脑袋别在裤腰带上，过上普通老百姓的安稳日子。但是回家后的叔叔新婚不久就偷偷走了，又重新融入党组织。

1942年四九里的一天，寒风呼啸，大雪纷飞，周银因为衣服单薄，就告诉副连长他准备带两名警卫员周进海和王如胜，夜里12点悄悄回八灶庄拿棉衣，副连长也姓周，是他本家，周银对他并不设防，他说就你一人知情。谁也没有想到副连长却是混进共产党里的伪军奸细，他当即把消息通报给紫云山的日军。周银进入八灶庄的时候，日军已经抢前布防好，只等他入网了。

周银等3人抹黑进入八灶村，各自回自己的家取棉衣。周银一进门，立即被20多个日伪军围困家中，子弹打完后被敌人捉住，单衣赤膊捆绑在八灶河边海棠寺前的桥上。日寇为了震慑百姓，凶残狠毒程度令人发指，他们把周银从屁股到脚踝上的肉一块块割下来，淋漓的鲜血染红了皑皑白雪，从木桥上像线一样流入滔滔不绝的八灶河。

说到此处，周兰茂老人声音呜咽，已经泪流满面，几次哽咽得讲不下去。

邻居黄金财后来说，周银整个就义的过程他都目睹了。日寇慢慢割他的肉，他没有吱一声，也没有呻吟，到了最后的时候，周银大喊："我死了，但是中国的抗日战争一定会胜利！"随即他被推下了八灶河。

周兰茂老人说自己10岁才开始记事，但是6岁时叔叔的英勇就义他历历在目，被鲜血染红的滔滔八灶河水，在他的记忆里永远刻骨铭心。

八灶河上移动的桥

抗战时期，日军据点设在刘庄紫云山。站在门前的草垛上，周兰茂还能看见紫云山上的紫云寺和日军的碉堡。日寇不停进出紫云寺，在盐城范围内到处扫荡。

经过八灶，日军强抢老百姓家的门板在八灶河上搭建浮桥。日寇过去后，浮桥刚刚被拆除，新四军大部队到了，老百姓又重新用竹竿打桩搭桥，让部队过河。各种部队不停地来来去去，枪声、炮声不时震耳欲聋。离八灶几里路的小团只是其中一个短兵相接的战场，一次次大战在此爆发，混合着碱土的鲜血汩汩流进了八灶河，曾经清澈见底的碧波被染得通红，倒映着硝烟弥漫的天空。

日寇的尸体被一车子一车子拖到八灶河边的盐碱地里掩埋掉，朔风罡烈，八灶河目睹了英勇顽强的中国人精神。日寇被打怕了，最后丢下这样的话："宁过三条江，不过八灶庄。"

解放战争时八灶河边的海棠寺有一段时间被国民党军队占据，他们每日下午都要向共产党驻守的东北方向打枪，一为自我壮胆，二为吓唬百姓。

1947年，国民党部队抓捕了南灶村两个民兵队长，一个16岁，一个18岁。敌人在渡口用铁丝穿过两个少年的锁骨，绑到石磨上，从弃桥上沉入八灶河中。八灶河呜呜哭泣着，瞬间淹没了英雄。

八灶河上的渡船

八灶河历史悠久，开挖于1888年，河面宽阔，水流湍急，水清无淤，西南连接刘庄的串场河，东北和斗龙港相通，蜿蜒流经新丰，最后流入黄海。

流过八灶庄的八灶河一直没桥，战争年代的浮桥建了拆，拆了建。人们种不了田，摆渡的船也停了。周兰茂父亲和叔叔去世后，家中只剩孤儿寡母，靠撑船为生的祖父已经没有办法养活一大家6口人了，只好偷偷挑上担子去卖杂粮、油籽、小鱼，做一些小生意艰难度日，勉强养活全家人。直到解放后，战争结束了，人们重新安居乐业下来，周家的渡船也重新开始营生。八灶小学开学后，孩子们都进了学校，周兰茂弟兄4个也进了学校，除了周兰茂小学毕业，别的弟弟都是农中毕业。弟兄4人都写得一手好毛笔字。

因为无田耕种，祖父仍然做着小生意。周家的渡船请人摆渡，周家依旧生活在八灶河边的原址上，但是八灶村已悄然发生了变化。1946年土改，地主的庄园就被拆了，随着初级社、高级社的出现，做生意的人渐渐少了，八灶庄开始慢慢安静下来。

20世纪70年代，新丰开往兴化的客轮还需要停靠八灶河码头和白驹码头，轮船每日来往两次，人来客去，八灶河还有着不寻常的热闹，周家渡船的撑篙人已经更替为弟兄几个的媳妇和渐渐长大的第四代孙辈。到了90年代，河上桥造好了，大丰的路况大幅度得到改善，新丰开往兴化的客轮停开了，八灶河也真正安静下来直到沉寂。周家的子孙后代开始走出家门，走出八灶，奔向四方。原来住过新四军、住过国民党、也住过日寇的八间茅草房经多次修缮或拆除，如今只剩下3间老房子了，门前经过无数个春秋的万年青一丛丛、一簇簇，仍然生机盎然，翠绿欲滴。

从来不泛滥的八灶河水势渐渐委顿，河底淤泥沉积，河面缩小到原来的一半，野萍遮盖河面，苇草杂乱，野鸭子欢快地嬉戏。如今，人们再次把目光投向了这条流过若干鲜血的、有着那么多悲壮故事的英雄河。历史重新选择了八灶，大丰高铁站建在了八灶村，八灶庄焕发了新的生机。

作于2024年4月30日

盐垦中学的峥嵘岁月

◇ 刘立云

1943年，抗日战争已进入到极其艰苦的相持阶段。

为了积蓄革命后备力量，培养一批知识型干部输送到新四军的队伍及地方武装力量中。这一年春天，经苏中行政公署二分区专署决定，派遣共产党员、教育家孙蔚民，到台北县创办一所学校——盐垦中学。这个学校的主要办学经费由苏中行政公署承担，不足部分是由地方开明绅士及商贾慷慨赞助。学生的食宿费全免，且进行半军事化管理。这是中国共产党联合各界进步人士，在硝烟弥漫的战争烽火中创办的一所集学习文化知识和专业技能为一体，具有特殊意义的中学。

因充分考虑到当时斗争形势的复杂性，学校又处在敌占区，为掩敌人耳目，故该校以私立中学的名义出现。并且聘请了"裕华垦殖股份有限公司"的股东，当时在台北县享有盛名的开明人士陶叔彪任校长。同时，还邀请了社会上一些名流，组成了盐垦中学董事会。孙蔚民任教导主任（其实是学校主要负责人），谢也实任总务主任。校址设在了新丰镇境内的"大丰垦殖股份有限公司"鼎丰区，也就是当时的"江淮银行印钞厂"筹建处，用该厂的房屋作为学校的教室和师生宿舍。

1943年5月，盐垦中学正式开学。分初中三个年级5个班，拥有学生170余人，配备专职教师6人。当年9月秋季开学后，学校又增设了师范部，招收乡村教师、速成教师各一个班，学生100余人。经过短短四个月的发展，该校已有在校学生近300人了，学校初具规模。与此同时，学校还建立了台北县教育史上第一个秘密党支部，起先由叶文茵（又名郭南）任党支部书记，后来由方宁斯（时任台北县委书记杨辛的夫人）接任。在学生中，还秘密建立了"抗日青年先遣队"，主要任务是向人民群众宣传中国共产党的抗日主张。因此，在进步思想的熏陶下，该校师生的抗日激情和革命斗志十分高涨。

同年11月的某一天，有一个农民装束的人急匆匆地来到学校，然后用剪刀挑开上衣的线缝，取出一封鸡毛信交给教导主任孙蔚民。上面写道：

蔚民同志台鉴：

　　据我情报部门获悉，盘踞在台北县大中集的日伪势力于本月底，要对新丰镇进行大扫荡。为了应对日伪这突如其来的袭击，望你校师生在三日内，务必火速转移到安全地带。至于新校地址选择，则由你与陶校长协商后定夺。切不可延误！

苏中行政公署二分区专署（盖章）

民国三十一年十一月二十日

经过学校董事会紧急商量和严密安排，校长陶叔彪利用他在"淮南盐垦公司联合会"的影响力，说服了相关进步同僚，由孙蔚民等人带领，将盐垦中学的全体师生迁移到位于原通商镇境内的通遂垦殖股份有限公司的十几间棉花仓库里。此后，因公司业务拖累，陶叔彪辞去校长一职，由孙蔚民接任校长。学校搬迁到新地方以后，学生们的学习和生活都相当艰苦。没有课桌、椅子，学生们就席地而坐，打起背包放在膝盖上当桌子。为了解决人多房屋少的矛盾，晚上就在"教室"里铺上茅草，摊开被褥睡觉，充当"宿舍"；白天，他们撤去茅草，打扫干净后再做"教室"。在伙食方面，每天都是杂粮饭、小米粥，就着一碗老咸菜疙瘩和清水煮菜汤。为了节约教育开支，一有空闲时间，老师就带领同学们开垦种地，补充学生每日三餐的粮食、蔬菜之需。尽管生活如此艰苦，但同学们的学习劲头依然不减，每个人都有十分强烈的求知欲。学校的教学水平也在不断提升。

除了学习文化知识和专业技能，学校还非常重视对学生进行素质教育。这种独特的教育方式，在当时我台北教育史上是绝无仅有的，可以说是开辟了历史先河。

有一天，学生们正在全神贯注地听老师讲课，忽然听见屋外有人大喊："着火了，快来救火啊……"还没等老师下达命令，同学们就自告奋勇，操起面盆、木桶冲往事发地点。他们有的跳到河里取水，有的在河堤上依次接水，有的闯入火场奋力扑救……这一次突发救火行动，并没有人指挥，同学们都配合得那么默契。事后，校长孙蔚民在全校师生大会上慷慨激昂地说道："同学们不怕牺牲的勇敢行为，是我中华民族新生力量闪亮的风采，是我们这一代新青年追求崇高理想的印记，是盐垦中学精神层面的具体体现。这种精神风貌，一定要发扬光大下去……"

1944年6月，盘踞在东台县和大中集的日伪军，向我根据地实施大规模的"屯垦"。人民群众在共产党和新四军的带领下，进行了反击日伪"屯垦"的斗争。与此同时，敌占区也采取了"坚壁清野"策略。盐垦中学按照根据地的经验，为保存宝贵的革命后备人才，从长计议，将学校70多间校舍全部拆除。学校从"通遂垦殖股份有限公司"迁徙至现在万盈镇境内的洋岸、关北灶、东北灶一带，实行分散游击教学。师生们白天上课、学习，一时间过着漂泊不定居无定所的生活。盐垦中学的历史上要算这一时期的学习、生活最为艰苦。

反"屯垦"斗争取得胜利后，同年暑假，盐垦中学师生参加了苏中行政公署举办的夏令营活动。苏中地委、军分区、二分区专署的领导陈杨、俞铭璜、梅嘉生、林修德等人都分别到夏令营做了"抗战形势及世界反法西斯的时局"的报告。在夏令营期间，一批学生光荣地加入了中国共产党，并有30多人矢志不渝地参加了新四军，后被分配到各师的战地服务团。还有许多同学，义无反顾地走进了苏中地区"抗日青年先锋队"行列。

1945年1月，为取得抗日战争的最后胜利，各条战线急需大量干部，苏中地区党委决定停办盐垦中学，学生全部分配到部队机关或地方政府工作；教师到苏中地区进修后，重新分配到各个岗位；校长孙蔚民调至苏中行政公署四分区专署，开辟和领导党的高等教育工作。截至1945年4月，盐垦中学完成了"保护一批知识分子和干部；争取和培养敌占区青少年；为革命队伍输送新生力量"的三大任务。

曾任中国舞蹈家协会副主席、上海歌舞团名誉团长、著名舞蹈艺术家舒巧；曾任中国作家协会副主席、上海作家协会主席、著名作家茹志鹃，都曾在盐垦中学办学期间学习、生活过。

关于孙蔚民其人，笔者出于对他的崇敬，忍不住还是要多写上几句。

孙蔚民，1896年出生于江苏扬州，1918年毕业于扬州省立第五师范学校。九一八事变发生后，他积极投入抗日救亡活动，曾作为安徽省立第三中学教师代表，被选为阜阳抗日救亡委员会委员，并于1940年3月加入中国共产党，之后随新四军东进。历任江都县（现江都区）文教科长、通如靖泰地区行政委员会文教处教育科长、东台县教育科长、兴化县（现兴化市）县长、苏中行政公署文教处秘书及编审主任、两淮市教育局局长。

1943年初，孙蔚民派往台北县筹建盐垦中学，并担任台北县参议长等职，在大中地区有很高的声望。新中国成立后，先后担任苏北师范学校党委书记兼校长，扬州师范学院院长等职，并发表了许多历史、文学、音乐、绘画等方面的教育学术论文。他一生工作踏实勤奋，对党忠心耿耿，为江苏、安徽两省的教育事业作出了不可磨灭贡献。

1953年，大丰县人民政府决定在新丰镇创建新丰中学，并于同年11月开学。新丰中学秉承了原盐垦中学"坚韧不拔、顽强向上、奋发进取、团结友爱"的优良校风，在办学的几十载中，为国家输送了一批又一批的精英人才。

至于新丰中学曾于1986年至1996年，沿用了"盐垦中学"的校名，那就是这个故事之外的话题了。

作于2024年5月20日

一场漫长而艰巨的经贸保卫战

◇ 陈同生

1938年5月，中日双方经过"武汉会战"，使日寇在"三个月解决中国问题"的狂妄计划宣告破产。从此，中日战争便陷入长期的战略僵持阶段。对于日本这个资源十分匮乏的岛国来说，不得不实行"以战养战"的政策，疯狂地掠夺我沦陷区的各种物资，以便维持战争继续进行下去。

苏中地区滨江临海，物产十分富饶，敌伪垂涎三尺，图谋已久。1941年2月21日，日军南浦师团占领泰州后遂成立了"江北拓殖株式会社"，并分别在南通、盐城设立了分支机构。特别是在东台设立了"棉业统制委员会"，针对"两台地区"（台南、台北，今盐城东台市、盐城市大丰区）特有的棉花、食盐等战略物资和粮油、生猪等其他大宗商品物资进行疯狂掠夺，血腥搜刮，妄图垄断市场，扼杀我抗日根据地。1944年5月19日，伪东台"棉业统制委员会"库长清水亥三郎来台北垦区视察时，被我台北独立团在第二次七灶河伏击战中抓获。据不完全资料统计，1943年以前，日寇每年在这里夺走棉花就高达20多万担，食盐几十万担；这一时期，敌伪先是利用在上海缴获的国民政府发行的数百万"法币"进入苏中地区套购物资，而后又强行推行汪伪政府发行的"中储券"，企图全面控制这一地区的经济命脉，陷我抗日根据地于死地。为了应对敌伪的经济侵略，保护我抗日根据地的经济和生存发展，保障部队、机关的供给，保护和发展地方民生。在苏中区党委的统一领导下，我台北地区的抗日军民，多措并举，与敌伪展开了一场较为漫长而又十分艰巨的经贸保卫战，从而斩断了敌伪伸向我抗日根据地的黑手，保证了我抗日根据地的发展壮大。

1941年10月14日，新四军第二挺进纵队进入垦区中心集镇大中集，在东台税务总局（直属苏中区财政部领导）尚未成立的时候，便立即成立了大中集税务分局。在徐鸣、朱道生等新党员的密切配合下，税务工作者们深入台北垦区"大丰公司""裕华公司"等4大公司调查摸底，制定税种、税率。同时，对农田每亩加收5毛钱、食盐每桶加收2元"抗日捐"。

不久，我方全面接管了泰州国民政府设立在东台地区的盐务管理局，并在两个月内，发动群众征收粮食逾63万担。接着，于1941年4月在盐城成立江淮银行，在根据地发行"江淮币"，把"印钞厂"设立在新丰镇的"鼎丰公司"内。发布布告禁止伪"中储券"进入根据地，一经发现立即予以没收，一切货物都以"抗币"定价，确立"抗币本位制度"，成立了"台北银行"，由台北财经局长金逊兼任行长。规定商人必须以"江淮币"纳税，在根据地内货物交易均以"抗币"结算，商人必须把在敌占区交易中所收的伪币交给抗日民主政府，由我公营贸易机构在对外贸易中集中使用。通过一系列高超的斗争艺术和长期艰苦的抗争，至1944年底，我方把伪"中储币"完全挤出了抗日根据地。

短短数年间，我抗日民主政府就逐步建成了较为健全的财政、金融、税务、粮食、工商与供销及贸易等经济管理体系。

1941年夏，台北县行政公署成立后，在大中集税务分局成立的基础上，陆续成立了3个税务分局，在台北垦区和沿海灶区等周边地区陆续成立了新丰、金墩、南阳、裕华、沈灶、小海、大桥、西渣、堤东等十多家税务所，其中一些税所下面还设立了税务小组，形成了稳固的税收工作网络，从而基本控制了这一地区的税源。在与敌伪争夺税收的长期残酷的斗争中，许多税务工作者长年分散战斗在税收工作第一线，取得了骄人的业绩，但是，我税务干部前后也被敌人杀害了20多人。其中，新丰税所负责人陈逸生冒着生命危险，数次深入敌人在新丰镇的据点里与敌人谈判，迫使敌人让步，同意我方税务人员进入敌据点收税。

为了把税收征收到敌伪据点里去，1944年2月18日，台北县政府财金局召开敌据点商行老板座谈会，大中集、新丰镇等敌据点，有30多家商行老板前来我根据地——垦南区政府所在地南阳镇出席会议。经过形势与政策宣传教育，这些商行老板认识到新四军是真正的抗日队伍，民主政府是为人民服务的政府，他们一致同意向根据地缴纳税款。此外，为了解决财政困难，税务部门还动员盐垦公司和地方士绅在缴纳粮赋外，自愿捐助现金和田地给民主政府，台北县政府先后两次成功地组织了"献金百万银圆"的运动，发动根据地人民全力以赴支援抗战。

1942年5月1日，日军在华北冀中平原发动残酷的"五一大扫荡"以后，我各个抗日根据地都进入了非常艰难的时期。为了粉碎日伪军对抗日根据地的经济封锁，克服物资上的困难，渡过难关，坚持长期抗战。1942年12月，中共中央领导人毛泽东同志在陕甘宁边区高级干部会议上作了《经济问题和财政问题》的报告，阐明了经济工作和财政工作的总方针是"发展经济，保障供给"，号召解放区军民切实开展大生产运动，自力更生，艰苦奋斗，战胜困难。随之各根据地都开展了轰轰烈烈的大生产运动。

1943年6月上旬，苏中区党委在三仓北边的吴家村召开了苏中区各县的主要负责人会议，新四军一师师长兼苏中区党委书记粟裕在会上说，我们今后总的任务，就是党中央、华中局提出的敌后三大任务战斗、生产、学习。以积极增强自身力量，粉碎任何严重的"清乡""扫荡"，达到坚持苏中原地斗争的目的。粟裕同志告诫大家，只有取得经济斗争的胜利，才能给敌人更沉重的打击；今日经济建设之重心，应集中于生产建设上来。

台北地区的物质基础、人力资源相对丰富。在小海、西团、白驹等镇传统的商业贸易比较发达，垦区来自南通、启海地区的移民与上海、苏南等地有着千丝万缕的联系。综合这些有利的条件，在台北县委、县政府的领导下，开展群众性的大生产和农副产品加工运动与对外经贸活动的积极性空前高涨。解决群众的生活困难，打破敌人的经济封锁已经成为社会各个阶层的共识和迫切要求。台北县除了扩大农业生产外，还先后办起了土布厂、肥皂厂、卷烟厂等10多家公营企业。为了防止敌人套购棉花、食盐、粮油等大宗物资，台北县政府发布了一系列禁止粮、棉、盐等物资非法出境的布告。又相继成立了公营的贸易公司，对棉花、食盐等战略物资实行公营，统一进出境管理和对外贸易。并在大桥镇成立了一个行商协会，登记入会的行商共有500多人。规定行商外出经营必须持有行商协会的会员证，所属关卡才予以放行。对出境的棉花、食盐、粮油等物资均必须由县政府货管局核准审批，领取登记证，向公营公司购买，并规定凡是出境到敌占区的货物，一定要购回相等的我根据地缺乏的物资回来。

1944年春，由台北县政府财经局出面，在川东、草庙、王港等地开办了"盐民运销合作社"。把盐民组织起来，从盐商（垣商）手上夺回了他们把持了上百年的购销权，摆脱了盐商对盐民的残酷剥削。具体的做法是以盐民生产的盐入股，由合作社制定合理的收购价（高于垣商的收购价），合作社的盈利除了留下部分作为发展基金外，其余到年底按股分红。合作社组织船队把生产的食盐集中起来，突破敌人的封锁线，运往大江南北，换回盐民所需的粮食及生活日用品。这样既减少了奸商的盘剥，摆脱了伪币通货膨胀之苦，又维护了盐民的利益，大大改善了盐民的生活，得到了广大盐民的衷心拥护。到1945年春，据不完全统计，参加盐民合作社的盐民达到了8271人，占盐民总数的40%以上。民主政府以低于国民政府的税率征收盐税（国民政府盐税折合成大米，每担盐税在130~170斤大米）。

据有关资料统计，1941年至1945年，苏中区境内14个盐场共产盐550万担，民主政府对每担盐征收的税款以折合成大米90斤计算，达500多万斤，有力支持了抗日斗争。

与此同时，在万盈墩开办了"隆茂商店"，统一管理棉花的销售。由台北县政府财经局副局长、贸易局局长陈松涛兼任经理，虞磊任副经理。在万盈墩和洋岸分别设立了收花点。"隆茂商店"共有40多个员工，拥有两个轧花车间。经营业务主要为收购籽棉，然后加工成皮棉，所收购的棉花从敌区换回粮食和日用品，供应军需与民用，提高了棉农的生活水平。此外，"隆茂商店"还收购粮食、食盐，把食盐出境到敌占区，换回我根据地缺乏的五洋百货、棉布、药品、铁丝、电池、电筒、火柴、煤油、白报纸以及武器弹药。在"隆茂商店"的基础上，当年秋还在大桥镇设立了一个"同济北号"，在东台一仓河设立了"同济南号"。由于买卖公平，价格合理，服务周到，农民们纷纷把棉花卖给我公营商店，就连敌伪占领的大中集花行（专门经营棉花生意的商行 ——编注）里的一些老板也偷偷将所收购的棉花运到"隆茂商店"出售。

搞好根据地的对外贸易是打破敌人经济封锁的重要一环。1943年秋，从台北王港和东台弶港出动了40多艘木帆船，由苏中贸易局长杨森培、台北县贸易分局长朱道生等带队航行至胶东半岛，用棉花换回了苏中区所需要的地雷、子弹、步枪、硫黄、花生油等物资。这样既改善了我根据地的民生，又解决了部分军用物资的急需，有力地支援了战争。

抗日战争胜利后，1945年11月，台北地区第二次建县，将原公营的"同济商店"改建为苏皖边区政府一专署"江海总公司"，公司设在大桥镇，而后成立了东台、海安、如皋、泰东、台北等5个分公司。台北县公司则是在东台分公司大中集营业部的基础上成立的，由虞磊担任经理。在小海镇和大中集分别设立分店。

1948年秋，台北全境解放，台北"江海公司"遂从南阳镇搬到大中集。"江海公司"的主要任务是：一是收购籽花、皮花、土布、细布、粮油，供应部队；二是通过商人到"蒋管区"购买军需物资，保证部队需要；三是供应民用生活必需品；四是掌握商情（含蒋管区）和市场物资供求情况。如果商人抬高物价，公司就大量抛出；如果商人压低价，公司则大量吃进。不以营利为目的，以平抑物价，稳定市场为目的，为战争服务，为民众服务。其时"淮南纺织社"的皮花全部由"江海公司"负责供应。

这一时期，为统一经营与管理棉花等大宗战略物资，中共华中分局决定成立一个棉业专营公司，于1946年3月，在东台城里成立了"华中利丰棉业贸易总公司"，由时任华中局财委、著名的经济学家顾准任董事长，华中银行行长龚意农任总经理。总公司在射阳合德、南通掘港、台北大中集分别设立了3个分公司，主要经营花、纱、布等物资。随着蒋军大举进攻苏中解放区，形势日趋恶化，"利丰贸易总公司"于当年秋从东台搬迁大中集、新丰镇等地继续经营。并立即将所有物资秘密送往上海抛售，将所得现款换成十多麻袋金砖（条），上缴苏皖边区政府下辖的"华中银行"（前身为江淮银行）。人员大部撤往山东，留下的工作人员并入"江海贸易公司"，坚持敌后斗争。1948年夏秋间，该公司再次于大中集恢复经营，由陈松涛任经理。次年迁往东台，结束了其光荣的历史使命。

作于 2024 年 5 月 30 日

红色朝荣村

◇ 仇育富

　　盐阜地区是革命老区，新四军重建军部在这里，八路军新四军会师在这里。盐城市境内共有128个以烈士命名的村镇，大丰有8处。坐落在大丰区城东的朝荣村，就是一个以烈士陈朝荣命名的村。

　　近年来，朝荣村在延续红色基因、打造战斗堡垒、凝聚红色力量上做足文章。村党支部按照"红色朝荣、安居乐业"的规划定位，注重发挥基层党组织的战斗堡垒和党员的先锋模范作用，编织"红色网络"，积极配合全区红色文化旅游带建设，在原有红色景点外，新建成陈朝荣烈士纪念馆、红色广场等。

　　朝荣村是我区红色教育基地之一，每年都有各级党组织、机关、企业、学校组织人员来此接受革命传统教育。为讲好大丰的红色故事，将大丰的红色精神代代传承。前不久，由大丰区文旅局牵头组织的红色采风活动让我们再次踏上了这片红色土地。接待我们的是一位来自山东日照的女村官，这位叫王远玲的姑娘是扬州大学的硕士研究生，2020年当选为朝荣村党总支书记。在烈士纪念馆内，我们认真聆听了她对烈士生平事迹的介绍。陈朝荣烈士的英雄壮举，让我们心情久久不能平静。

　　大丰是一座移民城市，100年前曾有12万启海人来到现大丰县城以东的海边开垦盐碱地种植棉花。1894年5月1日出生的陈朝荣就是这批移民队伍中的一个。1929年他举家迁居大丰，成为裕华公司的佃户。抗战开始后，日寇在中国犯下了累累罪行，盐阜大地也未能幸免。1938年3月17日，日军从南通江边登陆后，开始对东台城进行轰炸，炸伤20多人，毁坏房屋160多间。3月20日，日军侵占草堰，用刺刀刺死居民19人，烧毁房屋100多户。3月25日，日军侵犯东台城，先在东郊的王家舍、赵家园放火焚烧，烧毁县立初中的校舍数十间、民房250间，使400多人流离失所，无家可归。数年间，日本侵略者在盐城这片土地上留下累累血债。

面对日本侵略者的兽行和汉奸恶霸的助纣为虐，陈朝荣坚定决心，一定要找到党组织，在他们指点下投入到反抗侵略者和敌伪势力的斗争中去。他时常带领乡亲们为争取平等、自由，与反动势力进行斗争，赢得乡亲们的尊重与认同。由于他表现突出，积极要求进步，处处为百姓着想，在当地有一定的号召力。1941年，陈朝荣光荣加入中国共产党，先后担任乡农会会长、区农会会长、乡党支部书记等职。在党的领导下，他一面领导当地佃农跟反动的裕华公司展开抗租斗争，一面积极组织地方武装，将所领导的游击队从3人发展到40余人。经常配合部队袭击敌人，组织群众，收藏并保卫我大批军用物资。

1941年，陈朝荣在党的领导下组织农民向裕华公司进行"二五"减租的说理斗争。斗争中他始终冲在最前面，毫不妥协地为农民争取最大利益，最终迫使公司经理孙静安接受"二五"减租条件，取得了第一次减租斗争的胜利。

这一年夏天，日寇占领大中、新丰、裕华后，将我南北交通线切断。为了今后斗争需要，新四军二旅供给部决定将一批军用物资藏匿在陈朝荣家中。当时情况比较复杂而紧张，敌人几乎天天下乡"清剿"。为了使这批军用物资不受损失，久经考验的陈朝荣早已在斗争中成长为一名坚定的共产主义战士。他和彭夕魁、陆永昌、王成标等几位战友商量，决定把军用靛粉和军衣纽扣埋在陆之原住宅后的羊棚里，将几百套灰色军装用石磨、石块压在芦苇丛中的河底下，报纸藏在周绍襄家的草堆中，印油机埋在周宅以东的草田里。他们缜密的藏匿行动，在敌人多次下乡"清剿"过程中都未能发现。不久局势稍稳，陈朝荣就将这批物资全部安全送到了新四军二旅供给部。

在日伪驻大中集、新丰镇期间，伪乡政府经常组织人员下乡敲诈勒索，在农民身上巧取豪夺。陈朝荣不间断地组织领导农民与他们进行抗捐斗争。裕华镇伪镇长王维甫常常亲自带人下乡催交捐税。有一天，王维甫带了两个乡丁来到保长顾长英家，要保长去催交税收。陈朝荣将这一情况及时向区游击连穆指导员进行了汇报。穆指导员带了一个班的战士将王维甫捕获，缴获手枪1支、匣子枪1支和数发子弹。押送途中，裕华镇吴聚兴、季大昌等6个商人前来说情保释，我方战士对王维甫进行了政治形势教育，对其晓之以理，根据他的表现将他释放。王被教育释放后逃回大中集，在很长一段时间里，伪乡政府没敢再下乡敲诈勒索。

1943年7月，陈朝荣组织农民向裕华公司发起反"一成租"的说理斗争。公司经理孙静安竟然狡辩说："这是旅部（指大中集谷振之）要我代收一成税捐，与我们公司无关。如果我们不代收，就让旅部直接来收吧。"企图以此威吓农民，引发了村民义愤。陈朝荣严正指斥："你们帮汉奸来压榨农民，不要说这一成租直接加到我们农民身上办不到，就是加在公司身上我们也要反对！我们不能把农民的血汗钱白白捧给敌人，让敌人再来杀害我们自己的同胞。"这番义正词严的话说得孙静安哑口无言，无奈之下只得让步，表示不再代收一成租。同时把已缴的租花全部倒出来退还了佃农，有5000多斤皮棉。陈朝荣等人率领群众坚持斗争，再次取得反"一成租"的胜利。

1943年9月14日，陈朝荣奉命拆卸裕华镇扬水厂废机器，支援新四军兵工厂制造手榴弹、地雷等军火生产。敌人也想得到这批钢铁，双方就此展开了一场分秒必争的争夺战。陈朝荣发动群众组成拆送队快速行动，随拆随送。在组织拆卸的过程中他鼓舞士气，带头苦干，终于抢在敌人动手之前完成拆送任务。顺利将拆卸下来的30吨旧铁、数吨钢材、1吨黄铜交给了新四军，有力支援了新四军在苏北地区的军工生产，在当时的抗战过程中起到了积极作用。当敌人得知扬水厂废机器已被陈朝荣拆卸运走后，气急败坏，急要抓获陈朝荣并置他于死地。

1943年10月4日，陈朝荣的大儿子婚期将至，敌人得知消息后，于第二天早晨突然赶往陈朝荣居住地，伪镇长王维甫将正在家中的陈朝荣抓捕。他阴阳怪气地对陈朝荣说："哎！会长啊，我们请你好几次，今天才算请到你！"陈朝荣看到这个鹰钩鼻子、三角眼的汉奸，顿时火冒三丈，怒斥道："你们这些汉奸走狗卖国贼，还好意思来见我！你们这批祸国殃民的畜生，只能落得可耻下场！"敌人恼羞成怒，在押解途中就将陈朝荣杀害。英雄的鲜血洒在这片红色的土地上，他时年49岁。

得知陈朝荣牺牲的消息后，乡亲们悲愤不已，他们找到烈士的遗体，将他安葬在家乡东南村境内（今为大丰区丰华街道朝荣村）。1962年，大丰县裕华人民公社（今为大丰区丰华街道）修建陈朝荣烈士陵园。垦区党委在南阳祥丰小学召开追悼大会，追认他为革命烈士。地方政府亦将原裕华乡命名为朝荣乡，将裕华中心小学命名为朝荣小学，将荣兴大队改名为朝荣大队，后改为朝荣村。每年的清明节，来自街道、村居（社区）党员干部、陈朝荣烈士后人、附近学校师生、群众都会前来祭扫，缅怀先烈、聆听英雄故事、传承烈士精神。

现年已84岁的陈彐冲是陈朝荣烈士最小的儿子，他头发花白，却精神矍铄。陈彐冲说："父亲被敌人抓走那年，我才4岁，基本没有多少对父亲的印象。家里人告诉我，父亲被抓走的当天，家里一屋子人就我一直在哭闹，敌人觉得厌烦就想打我。母亲则把我紧紧护在怀中，宁愿自己挨打也要保护我，结果她的头部被敌人用枪柄砸伤，留下了难以治愈的后遗症。"

在陈彐冲家中堂屋，陈朝荣的烈士证明书用玻璃镜框裱好挂在墙上。陈老说："我家老宅就在这里，这张烈士证前后更换过三次，但每次都是挂在屋子最显眼处。全家人都以父亲为荣，不管生活中遇到什么困难，一想到父亲的坚韧顽强，想到我们是烈士的后代，我们就什么困难都能克服了。"几个哥哥也和他一样，在本职岗位上甘做一个普通平凡人，从不以烈士后代自居。不为个人利益向组织提出任何要求，踏实工作，传承烈士的优良家风。

村党总支王书记告诉我们："我们这个村还有不少为新中国解放事业奋斗牺牲的英雄，其中有一位刚20岁出头的年轻烈士叫陆锦龙，也是我们村的。"

陆锦龙烈士的原名叫陆祥林，1926年出生在裕华中兴村。1945年在村里当民兵（游击队员），不久担任乡治安员，第二年便光荣加入中国共产党。

1947年2月14日，垦北区委在朝荣乡召开扩大会议，有70多个乡干部出席了会议，会上布置各乡保护公粮、公棉的任务，全面开展游击活动，粉碎国民党反动派的大"扫荡"。为了开好这次会议，区委决定由乡干部及游击队员负责警卫工作。上午八时左右，国民党大中集郝鹏举部一个连80余人，押着六七十个民夫推着小车进犯裕华镇，沿途抢掠公粮、公棉。担任警卫任务的裕华乡干部兵分两路阻击敌人。就是在这次战斗中，陆锦龙不幸中弹牺牲，年仅21岁。

这支小小的游击组，不仅保护了裕华乡几百担公棉和几万斤公粮，还保护了参加区委扩大会议的几十名乡干部，同时保护了大批军用物资不落入敌手。垦区区长张鹤飞对这次阻击敌人的战绩表示满意，并为英勇作战的陆锦龙献出年轻生命倍感痛心。

为缅怀革命烈士，裕丰小学被命名为锦龙小学。1982年原大丰县地名普查时，又将富裕大队改名为锦龙大队，1983年乡镇体制改革更名锦龙村，后并入朝荣村。

在朝荣村这块不大的土地上，还有一些我们不知名的英烈，他们的鲜血洒在了这片热土上，他们的宝贵生命永远定格在了那个战火纷飞的年代，但他们的精神将永远激励后人。

作于2024年5月15日

今昔支前模范村盛开美丽 "大红花"

◇ 朱明贵

大中街道的红花村远近闻名。

倒不是因为她因花得名，也不是因为她紧邻城区。只有当你到该村的村史馆走一走、看一看，才会对镶嵌于大丰城区南侧的这朵 "大红花" 的昨天充满敬意。对该村党群组织带领乡亲们倾情描绘的 "明天红花" 愈发赞美。

小小村史馆，仅仅只是该村局部缩影，却再现了近八十年前，发生在这个红色村落那场伟大的解放战争支前场景和感人故事。

"解放战争时期，我们这里男女老少，长年累月参与支前服务。村里搭着高高的司令台，台上张灯结彩，挂满了大红花。沿途十里红旗招展。台北县（大丰）支前誓师大会每年都在这里举行，不仅有光荣参军的青年，胸前佩戴大红花，就连运送军粮的牛车、河里运送粮草的船只也佩戴着红花。红花遍地开放，家家有人参军，人人支援前线"。村支部书记顾希良饱含深情的讲解，把人们带进了枪林弹雨的战争年代。

顾书记告诉我们，红花村农民滕万道仅用了半天时间就驮了6个伤员送到后方医院。有一次，他冲到离敌人只有50米的战壕驮伤员时不幸中弹，滕万道手捂流血伤口不下火线，后来与伤员一起住进医院。

顾书记说，以红花村妇女为主的台北县支前大军，为支援大军渡江，一次就做了军鞋51800双，装了整整5船，小船行了整整四个昼夜才送到前线。村姑康桂英纳的鞋底36行72针，人人称赞，骆桂英带着姑娘们走上阵地，为战士们演出给予将士们精神上无穷的力量。这 "两个 '穆' 桂英呱呱叫，真的了不起！"

走出村史馆，放眼四方，我们发现花卉苗木已经成为红花村的主色调。漫步在毗邻村民的农庄大道上,我们感慨万千。顾书记不断地向我们展示红花村的巨大嬗变,讲述当年支前模范村是如何传承红色血脉,如何打造成如今的生态文明模范村的一个个动人的故事。在红色基因的激励下,一批又一批的红花村干部带领朴实勤劳的红花人,一年接着一年干,一幅幅美景经勤劳的双手精心绘就。如今,这里已是"江苏省特色田园乡村""江苏省民主管理示范村""江苏省美丽家园省级示范点""盐城市文明村"。

红花村红色文明深藏,经济条件却并不厚实。历届村干部,从解放初的脱贫解困到改革开放后富民增收,乡村振兴等,红花当家人感受到了各方而来的阻力和困难,感受到了建设好新红花历史责任的重担在肩。为官一任,当造福一方。村两委班子与区乡村发展"两会"负责人带队的"红色村居结对服务"调研组,共同议定要传承红花红色文化精神,不辱使命为乡村振兴奋力拼搏,让红花久开不衰,更红更艳,并以此围绕本村实际,因地制宜制定了富民增收工作方案。

红花村主要种植女贞、紫薇、栾树、红叶石楠等品种。但随着近年来的产业发展,特色主导产品中的女贞树销售市场呈现下滑趋势,不能适应群众致富的需求。顾书记说:"传统产业,长期生产经营,不是说丢就丢,只能升级调整,转型为特色产业才会有新出路"。村党总支通过带领经纪人和种植大户一起去浙江、苏南等地区学习取经;请南京农业大学教授、学者出谋划策,传授新技术,最终决定种植"大马士革"玫瑰花等景观花卉。但在推广种植时,发现村民思想不统一,老年人精力跟不上,不愿投资太多,担心看不到效益。还有一些人把农田租给大户,只要能得到几百元一亩租金就满足了。对此,村两委会研究决定,利用红花村富贵苗木合作社发挥产业升级的领头作用,与江苏农垦天然香料有限责任公司实施村企合作,由该公司提供种植技术的指导以及产品的保底价收购等一系列措施,整合了200亩土地交给合作社,由村干部领头,边干边学。同时,向群众宣传,利用家前屋后等土地一起种植,村委帮助指导销售,以此来增加收入,并让剩余劳动力也参加合作社一起种植,以此增加他们的收入,让他们平时拿工资、年底拿分红。每亩年收益达4000元,人们兴高采烈,信心大增。

由于本村紧邻大中工业园区和市区,村里部分村民的土地被征用,剩余的劳动力较多,村部紧密对接园区企业的用工需求,输送劳动力到企业上班。同时,帮助特殊残疾和60岁以上的老年赋闲的人群,积极对接企业。将一些工作岗位送到家中,如剪线头、叠商标、缝布娃娃等工作,使他们在家也能有收入。村里还成立了物业公司,积极对接物业项目,以此来帮助村民增加就业岗位。在村服务中心设立服务窗口,为在家闲置人员找到合适的工作岗位。通过这几年的不断努力,该村为企业共输送劳动力达230人,输送市区三产服务业就业人员180人,利用物业公司解决了劳动岗位30人。

红花,是光荣的象征,是信仰的符号。高耸的支前"司令台",是当地人民心中永远的丰碑。如今的红花村口,耸立着佩戴新时代乡村振兴的大红花,上书"红色村庄、红色传承,绿色土地、绿色发展"16个大字的标志牌。红花人民意气风发以红花村特色产业为基础,抓住紧靠城区和全国文明村——恒北村的区位优势,坚持传承红花"支前"这一蜚声盐阜大地的红色文化,努力讲好"过去有红色底蕴,如今有发展新貌"的红花故事。全村人民脚踏红色沃土,胸佩富民增收的大红花,走在乡村振兴的前列。

作于2024年5月15日

小镇上的红色印迹

◇ 刘立云

千年古镇草堰的古夹河西岸，是新街西路的钱家巷，巷子里有一座遗存的古建筑十分显眼，被当地百姓恭称为"钱氏卷瓦楼"。

这座青砖黛瓦具有浓烈明清建筑风格的遗存小楼，据说已有200多年的历史，因其主人姓钱，故得此名。该楼至今保存完好，坐西面东，门庭对着波光粼粼的古夹河，大有一种占尽风水的气派。

现存的"钱氏卷瓦楼"历尽沧桑依然雄浑挺拔，高雅又不失庄重，足见该楼当年富丽堂皇的恢宏气势。

说起这座小楼，里头还有一段红色故事呢！

1946年，国民党反动派撕毁和平协定，悍然发动了内战。同年7月，国民党第一绥靖区5个整编师和15个旅，约12万人的兵力，由该部司令李默庵统领，向苏中解放区疯狂进犯。

在华中军区副司令员兼华中野战军司令员粟裕，华中军区副政委兼华中野战军政委谭震林的指挥下，我军以3万多人的战斗人员，打响了著名的苏中战役。此战役从1946年7月13日开始，到8月27日结束，历时45天。共歼敌6个旅，5个交通警察大队，合计5.3万人，又一次创下了以少胜多的战争奇迹。这就是闻名天下的苏中七战七捷，极大地鼓舞了苏中及全国人民的志气。取得了在内线歼灭美械装备的国民党军队的初步经验，是我军在解放战争初期，获得重大战役胜利的典范之一。

为做好苏中战役的支前工作，台北县建立了支前司令部，由县长吴明挂帅，直接负责支前任务。当时地方政府的口号是："要人有人，要物有物，一切为了前线，一切为了胜利。"

据当年粟裕司令员身边的作战科长严振衡回忆："台北县的支前工作搞得非常好，人民群众自发地向子弟兵送吃的、喝的。还积极参加担架队，冒着枪林弹雨护送伤病员。有了群众的支持，部队的军心更加振奋……"

当时，民运任务非常繁重，前头刚刚送走了担架队，后面又下达在一天之内，要调动150辆小车运送弹药的任务。于是，草堰区的干部紧急出动，挨家挨户排查摸底老百姓拥有小推车的情况。经过老区地方干部的不懈努力，人民群众的大力支持，终于圆满完成了上级交办的各项支前任务。

在苏中战役期间，华中野战军后方医院的中转站就设在了钱氏卷瓦楼里。为了做好伤病员的救护，草堰、白驹两区组织了1000多名办事精干的妇女和儿童，成立了洗衣组、食物组、慰问队等后勤服务组织，他们纷纷来到中转站，为早日取得全中国解放而贡献自己的力量。为此，草堰镇上车水马龙，人来人往，盛况空前。

军民鱼水关系犹如汇聚成一股巨大的红色激流，冲向国民党反动势力。妇女们给伤病员喂饭、喂水、洗衣被、洗绷带、端屎端尿；儿童们组成慰问队，给伤病员唱歌、读报、讲故事……所有人不图报酬，不计时间，不分昼夜，一心一意扑在了救护工作上，只为伤病员能够早日脱离生命危险，重返前线。

为了做好伤病员的转运工作，苏皖边区民政厅厅长王贡雨亲临草堰镇，组建台北、东台、兴化三县后勤联合办事处。由台北的李朝干，东台的陈诚中，兴化的沈安民三位区长，协调民运调度指挥工作。

据《江苏省志》记载："当时台北县共出动民工800余人次，木船200多艘次；东台县共出动民工1200余人次，木船300多艘次；兴化县共出动民工1000余人次，木船500多艘次……"在45天的苏中战役期间，由草堰镇向宝应县曹甸镇一带，转运到我新四军后方医院的伤病员，就达到4000多人。为夺取战役的辉煌胜利，草堰人民作出了不可磨灭的贡献。

提起草堰钱氏卷瓦楼，在战火纷飞的年代里担任苏北军区司令员，解放后担任中共江苏省委副书记、副省长，离休后又担任江苏省革命斗争史编纂委员会、党史资料征集委员会主任的管文蔚，在20世纪80年代，饱含深情地亲笔致函于中共盐城市党史办公室，其中写道："粟裕同志也在钱氏卷瓦楼里住过。那时候，他把这个小楼既当作战斗指挥部，又当自己的寝室……"

2001年2月16日，盐城市人民政府将草堰镇上这座具有光荣历史的钱氏卷瓦楼，列为"盐城市级文物保护单位"。同年，中共大丰市委将其列为"爱国主义教育基地"。

这两块沉甸甸的石刻牌匾，如今镶嵌在钱氏卷瓦楼前的墙面上，永远记载着千年草堰古镇的红色印迹。即使历经了多少年风霜雪雨的侵蚀，它依然都会在人们面前闪闪发亮、熠熠生辉的！

作于2024年5月6日

回眸台北县的文教事业

◇ 陈同生

在抗日民主根据地的建设过程中，台北县委非常重视文教工作，投入了大量的财力、人力、物力来发展文教事业，彻底打破旧的教育体系。进行反伪化、反奴化教育，让广大师生接受革命思想，树立共产主义人生观，为建设新中国培养了一批人才。

由于历史的原因，20世纪20年代，台北地区逐步形成了西部农区、东部灶区、中部垦区的三种社会经济格局。因而其教育与文化事业的发展呈现了不同的形态，区域之间的发展十分的不平衡。

在抗日民主根据地开辟以前，台北地区经济开发最早的西部农区已经成为粮食产区。除了草堰、白驹、小海、西团等主要集镇和一些规模较大的村庄办有小学校之外，在当地农村仍然以零散的私塾为主。东部沿海烧盐的灶区，由于人口稀少，灶民居住分散，生活异常艰难，从来就没有一所学校。只有个别地方有私塾，人们基本上都不识字，文化十分落后。

中部垦区种植棉花，棉农的收入比农区、灶区要高。而且，棉农大都是通、崇、启、海地区迁来的移民，他们把那里发达的文化也带来了，棉农们都能把自己的子弟送去上学。由于推行江苏省初级义务教育实验区计划，不但盐垦总公司办有学校，下属的每个盐垦分公司也都兴办了初级小学。垦区中心集镇大中集、裕华镇分别兴办了大中（众）小学、中学和私立海光中学。这就使得垦区的文化教育水平普遍高于其他地区。

1940年10月中下旬，新四军进入台北地区建立抗日民主政权后，即着手兴办抗日文化教育事业，对旧学校和私塾逐步进行改造。10月15日，东台抗日民主政府宣告成立，由著名教育家孙蔚民担任教育科长。在民主政府和各界人士的共同努力下，终于恢复了东台县初级中学和17所小学。台北地区的西团、小海、大中集的一些学校也很快恢复了办学秩序。

其时，大中集有两所学校。一所是由大中集商会举办的"大中（众）小学"，该校包含初中部2个班90多个学生，后专门划出，成立了大中（众）中学。校长由国民党大中集分部书记朱丕承担任，有学生300多人；另一所是由进步青年教师徐鸣个人兴办的"战时小学"，有学生100多人。

10月下旬，徐鸣成为新四军进入垦区后发展的首批4名中共党员之一，他将自己的小学校交给抗日民主政府，被任命为大中集实验小学校长，顾怡玉、张玉堂等7名教师的薪水则由抗日民主政府供给。

1941年2月，日军占领了东台县城，东台县抗日民主政府转移大中集办公，县办初级中学部分师生亦撤到大中集。5月，东台县政府决定重建县中，校址选定在大中集停办的原垦区高级职业学校旧址，由县长徐宗田兼任校长，陈松涛担任教导主任，主持日常校务工作，招收三个班的学生共100多人。当年7月中旬，日军占领大中集，学校解散，学生大部分参加了新四军，或参加抗日民主政权建设工作。

为了恢复和兴办根据地的教育文化事业，培养为革命战争服务的摇篮。1942年初，党和抗日民主政府在根据地开展兴学运动。东台县政府要求每乡办一所中心小学作为示范。在办好公立学校的同时，还鼓励私人办学，公学与私学并举。对于私塾则要求使用新的教材，普遍推行抗日文化教育，反对敌伪的伪化、奴化教育。

为了加强兴学运动的领导，各学区成立教育委员会，由地方士绅、教师、农抗会长、区长文教辅导员组成。经过兴学运动，垦南区东南部的小学从4所增加到12所，其中在南阳镇兴办了一所完全小学，其余为11所初级小学；小海区在王港、竹港兴办初级小学2所，西渣区在三渣兴办初级小学1所。除此之外，台北地区尚有私塾350所，共有学生8000多名。

1942年5月，台北地区从东台县划出建县后，县政府任命宗雨农担任文教科长，进一步认真抓了学校的整顿、巩固与发展工作。

首先通过个别士绅捐献校舍，或者租借与学生自带等办法，设法解决学校教室、课桌、板凳、黑板等教学设备。鉴于过去教材落后于形势，县文教科组织统一编写新的教材，灌输抗日救国的知识，油印后分发到各个学校。直至1943年下半年，苏中行政公署文教处，由杭苇编写的小学语文新教材问世，县文教科才得以翻印出版。

为了加强区教育行政的领导，各区设立文教辅导员，深入各个学校巡回辅导。为了解决师资力量不足的问题，通过举办私塾训练班，提高私塾先生的政治业务水平，将一批优秀私塾先生转为小学教师，大大充实了师资队伍。通过一年多的时间，经过各方面的努力，台北抗日根据地的教育体系、教学秩序基本建立起来了。

同年7月，苏中第二专署召开了第一次文教工作会议，统一制定教育编制和经费等问题，要求每个县教育经费预算独立，每个县筹办一所简易示范学校培育教师。教育部门由各级政府统一领导，废除学区辅导员制度，由各区政府设立文教辅导员。

为了同敌人争夺青年，培养自己的干部，会议还决定在台北县筹办盐垦中学。次年春，苏中第二专署特派著名教育工作者、中共党员孙蔚民来台北创办盐垦中学，校址选在鼎丰公司仓房里。由于是在游击形势下办学，考虑到如果以抗日民主政府的名义出面，则易遭敌人的破坏，所以决定学校以民办面貌出现，聘请民主人士陶叔彪担任校长，孙蔚民担任教导主任，主持工作。5月份学校正式开学，招收学生数十人，暑假后人数剧增至170多人。

学校灰皮红心，建立了秘密党支部，直属台北县委领导。郭南（叶文茵）、方宁斯、薛友先后担任党支部书记，前后发展培养了20多名党员，通过他们不断向学生灌输革命思想，协助学校领导保证完成教学任务，同时也培养抗日所需人才。盐垦中学先后办有普通班、速师班、农垦班。由于盐垦中学发展迅速，加上传播进步思想，引起敌伪的注意。

为避免学校遭到破坏，1943年11月，盐垦中学从鼎丰公司迁到海滨通商镇内的通遂公司，并将原在该地的师范部并入。以后遭遇敌伪的"扫荡"，遂又迁到洋岸一带。不久，洋岸的校舍在敌人的"扫荡"中烧毁，只好再迁到海滨较为偏僻的北灶村，开展游击教学。

由于办学条件日益困难，1945年2月，学校停办，并入四专校。该校在短短的两年多的办学时间里，为抗日战争培养了400多人才。学生们有的当了地方干部，有的参加了新四军，有的成为人民教师，有的成为农业专业技术人才。为了保证贫寒学生能够上学，台北县文教科于1943年10月作出决定，对学校中的抗烈属子女、沦陷区青年以及家境贫寒的学生，根据其家庭困难的程度，分别给予50、200、300斤原粮的助学金。中途辍学或者考试成绩不满70分的学生取消其助学金或者减为一半。对革命烈士遗孤或者全家参加革命别无收入的干部子弟，在就读中学时，其学杂费、衣服等一律由民主政府供给。此举给贫寒学生创造了十分有利的读书条件。

此外，党和民主政府十分重视教师的生活待遇，尽管根据地的物资条件十分困难，对公办教师一开始就实行薪给制、津贴制，待遇高于地方行政干部。开始时教师的薪金每月80元，后来考虑到物价因素改为教师吃两份公粮。当时，脱产的干部每月民主政府给大米45斤，而一般教师则发给大米90斤，完全小学校长130斤，比一般供给制干部高一倍至两倍。对于因病去世的，还增发3个月的薪水，作为抚恤费。从此，尊师重教就成为抗日民主根据地的光荣传统。

县委在关心教师生活的同时，还十分重视教师队伍的思想作风建设。

1942年5月，县委召开塾师工作研究会议，通过测验，对鉴定合格的私塾教学老师90多人发了合格证书。同年的7月，虽然台北县政府刚刚成立，各方面的工作千头万绪，十分繁忙。但县政府仍然开办了100多名小学教师和社会知识青年参加的"教师暑假学习班"。为此，县长蔡公正亲自到会作动员报告，对教师着重进行发展民族、民主文化教育和革命人生观等方面的政治思想教育，使广大教师耳目一新，深受启发。

9月，盐垦中学附设的师范部在通遂公司开学，设有乡师、速师各一个班，学生100多人。10月初，在盐垦中学师范部举办了有60多人参加，为期45天的小学教师短训班。当年底培训班结束后，县文教科将这批学员分别分配到全县各区乡，从事学校工作和社会教育工作。

次年初夏，由党外积极分子韦祖森、祥丰小学校长顾怡玉（女）向全县广大教师倡议，在石家湾子举办了全县教师"暑期生活团"，实行半军事化的集体生活，着重对教师集中进行政治思想和革命人生观的教育。台北县委书记杨辛和县政府代县长陈骥到会讲话；苏中区党委宣传部部长俞铭璜从百忙中抽出宝贵的时间，专程前来做了专题报告。

俞铭璜主讲革命人生观，批判了"万般皆下品，唯有读书高""学而优则仕"等传统观念，倡导无产阶级的人生观。鼓励大家努力学习政治，互相切磋，共同提高，做一个新民主主义文化战士，为中华民族的解放而努力奋斗。

经过"暑期生活团"的学习教育，不少剥削阶级出身的教师得到了无产阶级世界观的熏陶和实际锻炼，全县的教师队伍的思想面貌焕然一新。

"暑期教师生活团"在组织上的最大收获是在垦区教师队伍中建立了党支部，此前教师中只有杨祖昌和张克定两个党员，这次活动台北县委特派叶强担任团长，负责行政工作，沈絮担任党支部书记，负责思想政治工作，由她亲自对每个学员进行考察、面试。还发展了韦祖森、夏雷鸣、邹炯、张素澄等人加入中国共产党。从此，教师队伍成为根据地党政军干部的一个重要来源。

在教学工作中，除了学习文化知识外，各中小学十分重视对青少年的思想政治教育。在课文中增加了岳飞、文天祥、戚继光等民族英雄事迹的内容，并经常选用报刊上刊登的时事新闻和抗日斗争中涌现出来的新人新事。在音乐课上注重教唱抗日和歌颂共产党的歌曲，对青少年灌输热爱祖国、热爱人民、热爱劳动，拥护共产党的新思想。培养青少年奋发向上，为救国救民而献身的革命精神。

除了课堂教育外，各学校还十分重视在实践中培养和锻炼青少年的意志和品德。课外组织少年儿童站岗放哨，盘查行人，保卫根据地。为了进行爱国主义教育，各个学校还开展了儿童募捐活动。

1943年11月，在裕华镇天北小学成立了"儿童劳军委员会"，师生们除了自己进行募捐外，还到附近乡村进行募捐活动，共计募捐到法币1020.25元，赠送给前方将士。对此，苏中行政公署主任管文蔚特意复函给天北小学，予以嘉奖。各地学校还注意结合党的中心工作和重大节日，开展形式多样的文化娱乐活动，让少年儿童们演唱革命歌曲。

南阳中心小学教导主任顾云经常配合学校中心工作，编写歌词，由黄瑞妮谱曲。这些新编的革命歌曲迅速飘扬在各个学校的上空。有一首歌曲的歌词："布谷——布谷！布谷——布谷！风吹啊，菜花香！日晒啊，麦黄呀，金金呀黄！你拿镰刀我拿枪！当心呀，当心呀，鬼子来抢粮！当心呀，当心呀，鬼子来抢粮！"还有一首秧歌是反映苏军大反攻的："索拉索，多拉多，索多拉索，咪来咪……今年呀，苏联红军大反攻呀，希特勒要完蛋，希特勒呀，要完蛋……"小学生们在操场上排着队，一边唱，一边扭动着身体，欢快地舞着跳着。简单易懂，形象生动，感染力特别强，通俗与口语化，深入人心，对男女老少都具有很好的教育意义。

为了锻炼和培养儿童的社会活动能力，还建立了台北儿童通讯站，各区中心小学建立中心站，其他村小学建立支站，私塾则为联络点，从上到下全县形成了儿童通讯网。垦区、小海区、滨海区3个区共建立12个支站。

通讯站的任务是组织学生利用上学、放学的时间，为地方政府送信或者传递文件。这样不仅及时、安全，而且发挥了少年儿童抗日的积极性，培养了他们的爱国情操和思想品德。

在这期间，敌伪经常下乡"扫荡"，干扰我教育事业的发展。各学校立即采取相应的措施，对短期骚扰的，采取"敌来我停课，敌走我复课"的办法；对"扫荡"时间较长的，则实行分散办学，教师到学生家里，或者在芦苇荡里上课。

在这十分艰难的时刻，台北县选举了由顾怡玉等10多人组成的文教抗敌协会，在教师中广泛发展会员，教育与团结广大教师坚持民族气节、克服困难、身体力行、一致抗日。

1944年6月，党员教师参加了苏中第二地委组织的"教师整风队"，学习整风文件，增强了党性。7月初到8月底，台北县文教科长季洁，率领顾惕成、黄笠文、张克定、韦祖森等人，越过敌人的封锁线，赴宝应县固津参加苏中区教育工作会议。

这次会议认真讨论了新民主主义革命教育的性质和任务，提出了新学制的建议，明确了根据地教育工作的任务：为进步的社会斗争、生产斗争服务；坚持抗日民主立场和贯彻学用一致的精神。9月22日，召开了5天的全县教师会议，认真讨论与落实苏中教育会议改变学制的精神，教师们一致声明拥护新学制，会后大家都信心满满地回到各自的学校去。

当年秋天至1946年5月，台北县政府还抽调部分教师参加了四专署举办的"文教研究会"，比较系统地学习了时事政治和新民主主义革命理论，这是广大教师政治生活史上的重大转折。

1945年9月，台北全境解放，抗日战争获得了彻底胜利。当年秋至1946年秋处于和平民主新阶段，是台北县教育文化事业发展的第二个高峰。大中集解放，宣布成立大中特区。民主政府接管了大中（众）中学，并正式命名为"大中特区中学"，由大中特区公署主任黄亚成兼任校长。并聘请了一些党员和进步教师充实教师队伍，使学校面貌焕然一新，学生一律免交学费。在生活指导员陈雪芬的指导下，成立了"青年先锋队""青年联合会"。除了正常的学习语文、数学外，积极组织师生学习《新民主主义论》《论联合政府》以及报刊上的时事文章。

其时，民主政府一面接管敌占区的学校，一面创办新的学校。各区都设立中心小学，作为一区的示范。在接管的原私立大中（众）中学，设普通班2个、简师班1个，共有学生百余名。

这一时期，台北全县办有学校（包括初级小学）114所，比抗日战争末期增加81所，学生总数约5200名。当年11月，重新建立台北县，"大中特区中学"改名为"台北县立中学"，校长由县长吴明兼任。次年4月，由王延青担任校长，并第一次成立了以校长王延青为书记的党支部，加强了对学校思想政治与党的建设方面的工作。组织学生朗诵毛泽东的诗词《沁园春·雪》，茅盾的散文《白杨礼赞》，以及高尔基的作品。县委书记林修德来学校为学生作时事政治报告。

6月，内战全面爆发，国民党军队大肆进攻解放区。同年11月台北地区又沦入敌手，教育设施再度遭到破坏。台北县立中学被迫停办，大部分学生参加了部队或地方革命工作，走上了革命的道路。许多教师自觉参加了游击战争，他们一手拿枪杆一手拿笔杆，同敌人展开了亦文亦武的斗争。

1947年春节后，县政府文教科在垦南区召开全县教师会议，表扬了坚持敌后游击办学的教师，并组织全体参会教师举行了宣誓仪式，表示忠于党的教育事业，永不叛变自首。

草堰中心小学停办后，校长袁景阳尽管耳聋，行走不便，但他坚持和地方干部一起打游击。每到一地，他都书写张贴标语，教唱革命歌曲，不久遭遇敌人突然袭击，不幸光荣牺牲。后来，县委、县政府举行追悼大会纪念他，追认他为中国共产党党员，号召全县教师向他学习。王港小学教师顾文达在支前中被敌机炸死，为表彰他的功绩，县政府将他生前从教的学校改名为文达小学，以之纪念。

在斗争最激烈、最艰苦的时候，1947年1月，台北县文教科成立教材编纂委员会，自编小学课本，油印发给全县各地学校使用。2月召开全县80多个塾师会议，决定废除旧教材，废除体罚学生，废除尊孔礼教仪式。同时，在董家仓设立实验小学，由徐鸣担任校长，周有祥担任教导主任，将他们的教学经验向全县推广。4月，县城大中集以及新丰镇获得解放，大部分学校恢复了正常上课。

1947年8月，苏中一专署召开北线教育工作会议，会议推动了解放区学校教育的进一步恢复和发展工作。草堰区在会上做了恢复区办教育的经验介绍，该区三渣小学教师吴步田被评为三等功。当月底，台北县政府在垦南区成丰乡举办台北师资速成班，招收学员80多人。学员经过5个多月的培训，结业后大多数当了教师。

时间进入1948年，由于敌人频繁的"扫荡"和实行"三光"政策，加之上年自然灾害的影响，春荒严重，许多人家揭不开锅，无法送孩子上学。台北县政府于当年7月召开文教工作扩大会议，总结交流民办小学的经验，决定因陋就简，以民办公助或者完全民办的方式办学，努力让适龄儿童入学读书。仅堤东区就办了30多所民办小学。到当年底，全县初小与完小共达到248所，其中公立小学98所，民办共助小学106所，完全民办44所。在校学生6944人，教师299人。

当年9月，县政府文教科在裕华天主教堂办了台北中学先修班，招收学生50多人，校长李蜀之。1949年春节后，该班迁到大中集，正式恢复为台北中学。在当年春夏间，对全县学校进行全面整顿与合并、改造，对教师进行精简整编。到当年10月，全县共有初小133所，完小11所，共有学生6572名，其中高年级学生432名，教师219名。经过整顿提高了教学质量与办学水平，为本地建国后教育事业的发展奠定了坚实的基础。

作于2024年5月21日